Autor und Verlag danken für den Druckkostenbeitrag:

 **Burgergemeinde Bern**

Der Zytglogge Verlag wird vom Bundesamt für Kultur mit einem Strukturbeitrag für die Jahre 2016–2020 unterstützt.

© 2019 Zytglogge Verlag AG, Basel
Alle Rechte vorbehalten
Lektorat: Thomas Gierl
Coverbild: ‹Westernland› (1883), historische Postkarte
Layout/Satz: Zytglogge Verlag
Druck: Finidr, Tschechische Republik

ISBN: 978-3-7296-5006-0

www.zytglogge.ch

Benedikt Meyer

Nach Ohio

Auf den Spuren der
Wäscherin Stephanie Cordelier

Roman

ZYTGLOGGE

Prolog

Oben der Sternenhimmel, unten das Meer. Beides gigantisch, nachtschwarz und ruhig. Dazwischen ein Schiff, riesengroß und winzig klein, verloren zwischen dem Wasser und dem All. Gemächlich gleitet es durch die Wellen, die Segel schimmern im Mondlicht.

Ich sehe sie vor mir, Stephanie, im Innern des Schiffs, wie sie sich auf ihrer Pritsche auf die andere Seite dreht. Wie sie sich wälzt, zur Decke blickt, aufsteht und aus der Koje tappt. Sie klimmt die Treppen hoch, eine, zwei, drei, vier. Tritt an Deck, geht zur Reling, stützt sich mit den Händen auf. Leichter Wind geht. Sie schließt die Augen und atmet aus. Pausiert. Atmet ein. Es riecht nach Salz, nach Holz und nach Metall. Sie öffnet die Augen und lässt den Blick schweifen, über die Sterne und das Meer. Eine Landschaft in Schwarz, Nachtblau und Silber.

Da ist sie also: zwischen Oberwil und Ohio, zwischen ‹nicht mehr› und ‹noch nicht›. Allein. Alle Geschichten, die sie erlebt hat, alle Menschen, die sie gekannt hat, liegen weit hinter ihr zurück. Was kommen wird, liegt weiter westlich.

Stephanie steht an der Reling, lange, blickt hinaus aufs nächtliche Meer, sucht nichts und findet es. Dann dreht der Wind. Die ‹Westernland› schwankt leicht, die Segel flattern und füllen sich wieder. Stephanie hört die Taue knarren; weit unten schlagen die Wellen gegen den Rumpf. Sie fröstelt. Vorsichtig geht sie die Treppen hinunter, schlüpft zurück ins Bett und schläft wenig später ein.

Ein Knacken, ein Rauschen, das Tonband läuft. Aus dem Lautsprecher klingt Stephanies Stimme, ihr prononcierter Dialekt und die Moderatorin, die gerade sagt: «Sie sehen ja aus wie ein Röslein!» Ein Röslein? Stephanie weiß, dass sie kein Röslein ist. Sie ist 91 und tut die Aussage mit einem «Jaja» ab. «Bloß das Gehen klappt nicht mehr so gut», fährt die Radiofrau fort, «aber mit so vielen Erinnerungen ist es bestimmt nicht so schlimm, wenn man ans Haus gebunden ist?» – «Nein, schlimm ist es nicht. Und doch würde man lieber mal wieder ausgehen.» – «Etwa noch einmal nach Amerika?», fragt die Moderatorin. – «Ja», antwortet Stephanie, «das wäre mir recht.»

Das wäre mir recht. Ich drücke auf ‹Stopp› und lege die Kassette beiseite.

Schon immer: Stephanie begleitet mich, seit ich denken kann. Nicht, dass ich ihre Geschichte als kleiner Junge wirklich verstanden hätte. Aber ich bemerkte die Tränchen, die sich in die Augenwinkel meiner Lieblingstanten schlichen, wenn sie von Stephanie sprachen. Wie sich der Klang ihrer Stimmen verfärbte und mit wie viel Bewunderung, Zuneigung und Wehmut sie sich an sie erinnerten. Stephanie: ihre Groß-, meine Urgroßmutter. Die Frau, die damals nach Amerika ausgewandert war. Als 19-Jährige. Allein.

Stephanie zog mich in ihren Bann. Ihre Kindheit, ihre Sehnsucht, ihr Aufbruch. Die jähe Schieflage ihres Schiffs, die knackigen Äpfel von Pennsylvania und Doktor Berchtolds streitlustiger Papagei. Könnte ich Stephanies Zauber erklären, würde er womöglich verschwinden. Zum Glück bin ich weit davon entfernt.

Was ich erklären kann, ist die Sache mit der Kassette. Die verdanke ich meinem Großonkel Paul. Stephanies jüngster

Sohn arbeitete beim Radio, und als sie mit über 80 ihre Erinnerungen zu Papier brachte, fand Paul, das wäre Material für eine Sendung. Also wurde ihr Text an einem Sonntagabend im Januar 1964 im Radio vorgelesen. Und eine Aufzeichnung dieser Sendung lag fünfundzwanzig Jahre später in meinem Kinderzimmer. Zwischen ‹Räuber Hotzenplotz›, ‹Fünf Freunden› und den ‹Drei Fragezeichen›. Ein Tonband mit einer knapp einstündigen Sendung: zum Einstieg ein kurzes Interview, dann Stephanies Text, immer wieder unterbrochen von etwas Musik.

Mit Jahrgang 1982 habe ich Stephanie um 15 Jahre verpasst. Ihre Geschichte aber hörte ich mir immer wieder an. An freien Nachmittagen, vor dem Zubettgehen oder anstelle der Hausaufgaben. Dann geriet ich in die Adoleszenz und Rahel, Sibylle oder Andrea übten eine direktere Magie auf mich aus. Statt ‹Fünf Freunde› hörte ich Queen, und Stephanies Tonband lag weit hinten im Regal und verstaubte.

Aus Kassetten wurden CDs, aus CDs MP3-Dateien. Meine Schulzeit verflog, und ich beschloss, das einzige Fach zu studieren, für das ich je ein Talent hatte: Geschichte. Ich zog von meinem Basler Zimmer in eine Berner WG, hörte gescheiten Leuten zu, schrieb Arbeiten und Referate. Das Studium war beinahe geschafft, als mir die Kassette wieder in die Hände fiel. Die Plastikhülle war inzwischen vergilbt, und ich musste einige Zeit suchen, bis ich ein Radio mit einem Kassettenfach fand. Vorsichtig schob ich das Tonband hinein und drückte auf Play. Da war sie wieder. Und auch der Zauber war zurück.

Nur: Diesmal war da noch etwas Drittes. Etwas holperte, etwas irritierte mich. Nach und nach fielen mir Stellen auf, die nicht stimmen konnten. Wo Informationen fehlten, wo sich Lücken auftaten und Fragen klafften. Ich musste es näher wissen. Ich fragte die Tanten nach Stephanies Manuskript und begann zu vergleichen. Tatsächlich: Die Frau vom Radio hatte den Text zurechtgekürzt. Sie hatte wichtige Passagen gestrichen, Namen geändert, Orte vertauscht und das komplette Ende gelöscht – aber das war noch nicht mal das Schlimmste.

Was mich viel mehr störte, waren die Zwischentöne. Die Moderatorin sprach mit Stephanie als wäre sie nicht 91, sondern neun. Und ein fast schon ein höhnischer Unterton schwang mit, als sie die alte Frau fragte, ob sie nochmals nach Amerika wolle. Noch schlimmer machte der Radiokomponist die Sache. Er untermalte die Sendung alle paar Minuten mit unfassbar weinerlichem Geigen-Gefiedel und tauchte Stephanies Leben damit in ein Licht, in dem es traurig und tragisch erschien. Dabei sah ich darin so viel Mut, Kraft und Courage!

Ich ärgerte mich und wichtiger noch: Ich wurde neugierig. Konnte ich die Leerstellen füllen? Konnte ich herausfinden, was Stephanie wirklich erlebt hatte? Es begann als Spielerei. Ich suchte nach alten Fotos und klickte mich ein wenig durchs Internet. Dann rutschte ich tiefer und tiefer hinein. Ich studierte Fachbücher, durchstreifte Archive und entzifferte Heirats- und Taufregister. Die Recherche war Detektivarbeit, und Detektivarbeit ist eine Droge. Jeder Fund ist ein Rausch und kein Rausch je genug. Ich stieß auf alte Zeitungen, alte Briefe, alte Bücher. Tiefer und tiefer tauchte ich in Stephanies Zeit – und in das Jahr vor ihrer Geburt.

Denn vieles, was Stephanies Leben prägen sollte, passierte, bevor sie überhaupt zur Welt kam. Alles begann damit, dass

Martina Blaser am 22. März 1871 durch tiefen Schnee hinauf nach Kleinlützel stapfte. In dieses abgelegene Dorf in den Jurahöhen, dieses gottverlassene Nest an der Grenze zum Elsass.

Kleinlützel

Sommer, Hitze, und die Welt dreht sich wirbelnd im Kreis. Der Rock fliegt und Martina könnte ewig tanzen. Jules, Jules, Jules dreht sie herum, lacht sein Schelmengelächter, macht ein Spitzbubengesicht, kichert, prustet, hebt sie in die Luft, lässt sie zurück auf den moosigen Boden der Lichtung gleiten und greift nach dem Wein. Martina füllt ihre Lungen mit den Gerüchen von Erde, Rinde und Schweiß. Sie krallt ihre Hände in Jules' Locken, er packt und reißt sie an sich. Martina greift seinen Nacken, küsst, küsst, küsst, bis sie beide die Balance verlieren und ins Gras fallen, küsst weiter, gluckst, prustet, rollt über und unter Jules. Ihr Herz pocht frenetisch, die Lippen, die Hände, die Körper, der Sommer, die Lichtung und die Welt wirbeln rasend im Kreis.

Von Frühling war keine Spur. Es war Ende März, und Martina kämpfte sich schwer schnaufend die Schlucht nach Kleinlützel hoch. Links von ihr strudelte die Lützel talwärts, rechts hing das Eis von den Felsen. Martina presste die Lippen zusammen, verschluckte ein Fluchwort und zerrte ihren Koffer voran. Ihre Hände waren klamm, und der Schnee hatte einen Weg in ihre Schuhe gefunden. Vorwärts! Sie gelangte über eine Kuppe, der Wald endete, die Landschaft weitete sich. Martina blieb stehen und atmete durch. Vor ihr lag eine Senke, an deren Ende sich die Häuser eines kleinen Dorfs aneinanderdrängten. Unmittelbar dahinter erhob sich eine Felswand, ragte wuchtig und drohend über den Dächern auf.

Sie kam an einer lottrigen Mühle vorbei, dann erreichte sie die ersten Häuser. Ein Miststock dampfte, Schweine suchten im Matsch nach Essbarem und eine schäbig gekleidete Alte fütterte Gänse. Martina grüßte und verstand die Antwort nicht. Sie suchte den Weg durch die Gassen und gelangte zur Kirche. Das Pfarrhaus stand gleich daneben, das obere Stockwerk beschädigt und das Dach eingedrückt von der Schneelast. Verdutzt blieb sie stehen und blickte auf das ramponierte Gebäude, als die Tür auflog und ihr ein junger Mann in wehendem, schwarzem Priesterrock entgegenstürmte. «Martina!»

«Schön, dass du hier bist!», strahlte Gabriel und ergriff ihre Hände. Dann nahm er ihren Koffer und bat seine Schwester ins Haus. Gabriel war selbst erst vor wenigen Wochen angekommen, hatte seine erste Pfarrstelle angetreten und seinen Eltern einen langen und etwas gar feierlichen Brief geschrieben. Darin hatte er erwähnt, dass er nun jemanden brauche, der ihm den Haushalt führe; ob denn nicht eine der Schwestern die Stelle übernehmen wolle. Kurz darauf hatte Martina ihre Sachen gepackt, war vom Hügelland über dem Bodensee nach Ravensburg hinuntergestiegen und mit dem Zug nach Konstanz, Basel und anderntags nach Laufen gefahren. Sie hatte sich das schmale Seitental nach Kleinlützel hochgemüht und dort kauerte sie nun im lädierten Pfarrhaus vor dem Herd und blies in die Glut.

Wie es denn ums Haus stehe, wollte sie wissen, als sie sich wieder aufrichtete. Gabriel machte eine wegwerfende Handbewegung. «Das wird schon wieder.» Er erkundigte sich nach der Reise, nach den Eltern und Geschwistern und führte Martina durchs Haus. Der untere Stock war unversehrt, oben räumten gerade ein paar Handwerker kaputte Balken weg. Von einem der Fenster aus zeigte er ihr das Dorf. Hier die Kirche, der Krämer, die Post. Da die zwei Wirtshäuser, dort der Weg ins Tal und in der anderen Richtung jener zur Grenze, wo in einigen Kilometern Entfernung das Elsass begann – seit wenigen Wochen deutsches Gebiet. Gabriel drehte sich zu ihr um: «Herzlich willkommen im Dorf.»

Martina war froh, die Reise geschafft zu haben. Sie brachte ihr Gepäck in ihr Zimmer, setzte sich einen Moment auf die Rosshaarmatratze und sah sich um. Es gab viel zu tun. Sie zog trockene Strümpfe und einen zweiten Pullover an, verstaute ihre Sachen und ging nochmals durchs Haus. In der Speisekammer fand sie Kartoffeln, Zwiebeln und etwas Speck. Die Sonne fiel bereits tief durch die Fenster. Sie nahm einige Holzscheite und steckte sie in den Herd.

Martina heizte viel, und doch blieb es frostig. Das Pfarrhaus war zugig und schlecht isoliert, aber noch beißender war die Kälte im Dorf. Sie verstand die Leute auch nach Wochen noch schlecht, kam mit niemandem richtig in Kontakt und fühlte sich verlassen und deplatziert.

«Ausgerechnet einen deutschen Pfarrer mussten sie uns schicken», hörte sie eine Frau am Dorfbrunnen schimpfen. «Nicht genug damit, dass die sich das Elsass unter den Nagel gerissen haben, jetzt schwäbelt auch noch einer von der Kanzel.»

«Die Kanzel ist mir egal, aber wegen diesen Preußen kann ich mit meinem Käse nicht mehr nach Belfort zum Markt», mischte sich eine Bäuerin ein. «Der François, der war als Zöllner flexibel, und Franc und Franken waren sich gleich. Jetzt sitzt da irgend so ein Hans, tut übertrieben wichtig, und was die Mark wert sein soll, ist jeden Tag etwas anderes.»

«Und das alles, wo das Dorf sowieso vor die Hunde geht», beschwerte sich eine Dritte. «Vorletzten Winter noch saßen unsere Männer daheim, drechselten Holzkugeln und machten einen anständigen Lohn. Jetzt verwenden die Basler Textilfabriken billige Kartonrollen und unsere Männer vertreiben sich die Zeit bei den Wirten.»

Auch Gabriel merkte, dass im Dorf getratscht wurde. Nur nahm er das Gerede nicht persönlich. Mit Anfangsschwierigkeiten hatte er gerechnet, außerdem fand er bald einen guten Draht zum Posthalter, zum ‹Engel›-Wirt, zum Schattloch-Bauern und zu vielen anderen, die froh waren, dass endlich mal wieder einer sagte, was recht und was Sünde war. Der Pfarrer hatte auch gar keine Zeit, sich den Kopf zu zerbrechen. Er besuchte Kranke, besprach sich mit Ratsuchenden, feierte Messen, leitete die Sonntagsschule und den Kirchenchor und gehörte im Dorf bald dazu. Charismatisch, kantig und bei manchen umstritten – aber genauso ein fester Teil der Gemeinschaft wie der Lehrer, der Metzger oder die Gemeinderäte.

Martina hingegen blieb im Pfarrhaus und putzte. Ständig war sie mit Besen, Lappen und Schrubber beschäftigt und ständig konnte sie wieder von vorn anfangen. Auf die Maurer folgten die Zimmerleute, dann die Dachdecker, Schreiner und Gipser: einer staubiger als der Nächste. Sie bekam keine Luft, der Schnee schmolz, aber die Schwermut blieb. Sie fühlte sich unter der Kleinlützler Felswand fremd, allein und erdrückt.

Ein Glück, dass es dann eines Tages klopfte.

«Wenn der Familienname so kompliziert ist», schmunzelte der junge Mann, «dann bin ich eben der Jules.» An ‹Cordelier› hatte sich Martina gerade verschluckt, ‹Schül› hingegen bekam sie gerade noch hin und so bat sie den Mann mit den wilden Locken, dem Schalk in den Augen und dem Farbtopf in der Hand herein.

Nach den Reparaturarbeiten hatte das Haus dringend Farbe nötig und der verschmitzt lächelnde Maler erwies sich als sehr viel angenehmere Gesellschaft als die grobschlächtigen Maurer und Zimmerleute der letzten Wochen. Jene hatten die Ruine zur Baustelle gemacht, Jules machte aus der Baustelle ein Haus. Raum für Raum tünchte er die Wände, Stück für Stück machte er die Zimmer bewohnbar.

«Gut, dass die Arbeiten bald vorbei sind», bemerkte Martina bei einer gemeinsamen Pause: «Es ist doch immer schön, wenn man etwas zu einem Ende bringen kann.»

«Aber Mademoiselle», gab Jules zurück, «auch ein Anfang kann seinen Zauber haben.»

Sie verstanden sich – und das wörtlich. Denn der Maler hatte zwar einen französischen Namen und einen ‹Père› aus dem Jura, seine Mama hingegen kam aus dem Schwarzwald, und so konnte Jules Martina nur schon sprachlich ein gutes

Stück entgegenkommen. Der Mann aus Basel hatte etwas verspielt Leichtes, bisweilen aber auch etwas Unbändiges und Temperamentvolles. Überdies hatte er einen gesunden Appetit. Genüsslich verschlang er die Krautwickel, Spätzle und anderen süddeutschen Gerichte, die ihm Martina servierte. Die wiederum war vier Jahre älter, bodenständiger, praktischer und ruhiger, und das gefiel Jules. Es gab also gute Gründe, weshalb es zwischen den beiden knisterte. Und außerdem waren da auch noch Jules' Charme, die Leichtigkeit des Frühlings, der Duft der Wälder und der Wein.

Die Malerarbeiten im Pfarrhaus nahmen überraschend viel Zeit in Anspruch. Dann fand Jules auch in der Kirche noch etliche Stellen, die dringend etwas Farbe benötigten. Und schließlich erledigte er allerhand weitere Arbeiten im Dorf. Es war Sommer geworden, und nach dem klirrenden Winter tänzelte das Leben nun umso unbeschwerter vor sich hin. Jules und Martina sahen sich so oft sie konnten, ohne dass es auffiel. Sie verabredeten sich meist irgendwo außerhalb des Dorfs, erkundeten die Gegend oder spazierten durch den Wald. Dort stießen sie auf eine Lichtung, wo nie jemand hinkam. Die Spechte klopften, die Amseln zwitscherten und der Boden war federnd und weich. Und eines Julimorgens wachte Martina auf, musste sich übergeben und dachte sich noch wenig dabei.

Der Sommer glühte, die Bauern heuten und die Luft war voll Sonne und Spreu. Der Bach war kühl, die Tage waren heiß und abends fegte der Wind über die Wälder. Dunkle Wolkentürme stauten sich auf und entluden sich krachend über dem Tal. Im August verkrochen sich Jules und Martina an einem Gewitterabend ziemlich durchnässt in einer Scheune ins Heu. Dort erzählte sie nervös, angespannt und stockend, dass sie ... nun, also ... dass ... «Jules, ich erwarte ein Kind.» Jules blickte an ihr vorbei. Draußen kehrte die Sonne zurück. Er schaute sie an, lächelte und meinte in pathetischem Ton: «Willst du, Martina Gundula Blaser, den hier anwesenden ...?» Sie bewarf ihn mit Heu. «Kindskopf.» – «Wenn ich es recht sehe, bekommt der Kindskopf jetzt ein Leben lang Spätzle», grinste Jules. Er versuchte, sie zu küssen, aber sie bewarf ihn nochmals mit Heu. «He, wofür war das jetzt?» – «Für ‹Gundula›. Also wirklich.»

Die Vögel zwitscherten ihren Nach-Regen-Gesang, ein letztes Rinnsal versickerte vor dem Scheunentor. Die beiden verabschiedeten sich mit einem kurzen Kuss, und Martina spazierte zurück zum Pfarrhaus. Das war es also, dachte sie sich: Sie war schwanger und verlobt. Dabei kannte sie Jules doch noch kaum.

Der Kaum-Bekannte wartete noch einen Moment in der Scheune, dann ging auch er über einen Umweg ins Dorf. Im Gasthaus ‹Zum Tell› bestellte er sich einen Krug Roten. Das war es also, dachte er sich. Dabei wusste er doch noch kaum etwas von ... und jetzt sollten sie ... «Wirt! Bringt mir doch lieber einen Schnaps, seid so gut.»

Martina brauchte einige Wochen, um die richtigen Worte und den nötigen Mut zu finden. Dann fasste sie sich ein Herz und gestand auch ihrem Bruder, dass sie schwanger war. Gabriel war nicht erfreut. Erst war er wütend, dann angesäuert, dann vorwurfsvoll. Was hatte sie sich bloß dabei gedacht?

Es dauerte einen Moment, bis sein Ärger verrauchte. Und letztlich wusste der Pfarrer ohnehin, was er nun zu tun hatte. An einem Donnerstagabend traute er Jules und Martina in einer kleinen, fast schon geheimen Zeremonie. Sie sahen unsicher aus, dachte er sich, einander zugeneigt, aber unsicher. Martina trug ihr schwarzes Sonntagskleid, Jules einen vom Pfarrer geliehenen Anzug. Der Posthalter und die Frau des Küsters waren als Trauzeugen eingesprungen, ansonsten war die Kirche leer. Nach den Jaworten notierte Gabriel mit markant geschwungenen Ziffern den 28.9.1871 im Eheregister, dann lud er das Paar in den ‹Engel› zum Essen ein. Anderntags schrieb er einen weiteren Brief an die Familie, berichtete die Neuigkeiten und fragte, ob die nächstjüngere Schwester, Therese, Martinas Stelle übernehmen könne.

Vor der Felswand tanzten die ersten Flocken, der Winter legte sich über das Tal. Der Bach gefror und der Schnee lag dick auf den Häusern. Martinas Bauch wölbte sich, sie spürte erste Tritte, erste Bewegungen und das aufsteigende Unbehagen vor der Geburt. Weihnachten kam und ging vorüber. Die Tage wurden länger und dann auch wieder etwas wärmer. Therese kam Anfang März und übernahm den Haushalt von der nun schon sehr schwangeren und noch müderen Martina.

Der 22. März 1872 war frühlingshaft. Krokusse bahnten sich ihren Weg und unter den verbliebenen Schneefeldern war das Rieseln des Tauwassers zu hören. In den Ställen muhten die Kühe, und in den Gassen gingen die Leute ihren Geschäften nach. Bloß rund ums Pfarrhaus verlangsamten sie ihre Schritte, drehten die Köpfe und linsten nach den Fenstern, um zu erspähen, woher die Schreie kamen, die aus dem Innern nach draußen drangen. Die Kleinlützler tuschelten, zwinkerten und grinsten. «Wie die Zeit vergeht!», feixte ein alter Knecht. «Ich hätte schwören können, der September sei noch keine neun Monate her!» – «Eine klassische Frühgeburt», antwortete eine Magd trocken, «das passiert in den besten Familien.» – «Ausgerechnet. Uns über die Heiligkeit der Ehe belehren, aber daheim hat er nicht mal seine Schwester im Griff!»

Drinnen im Pfarrhaus war von alldem nichts zu hören. Therese strahlte das Neugeborene an, wickelte es in ein Tuch und reichte es seiner Mutter. Stephanie war ein kleines Bündel Mensch: blutig, schreiend und müde. Sie wurde geküsst, bestaunt und gestreichelt. Sie entdeckte ihre Finger, das verschwitzte Gesicht ihrer Mutter und das genügte ihr fürs Erste, und so gähnte sie und gähnte nochmals und schlief wenig später ein.

Jules kam am übernächsten Abend aus Basel zurück. Seit Thereses Ankunft hatte er vermehrt Malerarbeiten in der Stadt erledigt und sich nebenbei nach einer Bleibe für die kleine Familie umgesehen. Nun hatte er in einem Dorf etwas außerhalb ein kleines Häuschen gefunden, sich Geld von der Bank geliehen und es gekauft.

Stephanie schlief gut eingepackt an die Brust ihrer Mutter gepresst, als sich diese einige Wochen später ein letztes Mal nach dem Pfarrhaus umwandte. Dort standen Gabriel und Therese und winkten zurück. Neben Martina schwenkte Jules seinen Hut, und neben ihm saß der Posthalter und gab den Zügeln einen Impuls. Auf der Ladefläche waren eine Wiege, Martinas Koffer, Jules' Malerleiter und ein Korb Wäsche mit Seilen festgezurrt. Die Räder knirschten, die Hufe klapperten und das Fuhrwerk holperte talwärts.

*

Kleinlützel durchlebte nach der Abreise der jungen Familie eine wilde, eine verworrene, eine unübersichtliche Zeit.

Erst nachdem ich mich in die Recherchen gekniet, mich durch Archive und Literatur gearbeitet hatte und ins Dorf hochgefahren war, präsentierte sich mir ein klareres Bild.

Auslöser der Wirren waren die Religion und die beiden Wirtshäuser – der ‹Engel› und der ‹Tell›. Ihre Namen passen perfekt, denn wer im ‹Engel› saß, der war konservativ, hatte sein Herz in Rom und bei Gott und fand, gewisse Dinge seien nun mal Sache der Kirche: Eheschließungen, Begräbnisse, Schulunterricht. Die vom ‹Tell› hingegen waren liberal. Sie vertrauten auf die Vernunft und den Staat und fanden, die Kirche solle sich gefälligst aufs Beten konzentrieren.

Es war der Schwelbrand des 19. Jahrhunderts: Staat gegen Religion. Der letzte Glaubenskrieg lag in der Schweiz erst 25 Jahre zurück, und die unmittelbar danach verfasste Verfassung verbot nicht nur die Gründung von Klöstern, sie verbannte auch den kompletten Orden der Jesuiten aus dem Land. Denn die Klöster galten als Brutstätten der Konterrevolution, die Jesuiten als staatsgefährdende Radikale, und überhaupt war umstritten, ob man zugleich richtig katholisch und ein guter Schweizer sein konnte.

Der Konflikt kochte 1872/1873 wieder hoch. Nur standen sich diesmal nicht Katholiken und Protestanten gegenüber, sondern konservative Katholiken (die, die im ‹Engel› saßen) kontra liberale Katholiken (die, die im ‹Tell› saßen) plus die Protestanten (die, die in den höchsten Ämtern saßen). Für die Konservativen sah es schlecht aus – und Gabriel war sehr konservativ. Er hatte bei bayrischen Jesuiten studiert, war jung, ungestüm und idealistisch. Und wie viele Idealisten schoss er übers Ziel hinaus. Wäre es nach ihm gegangen, dann hätten Glaube und Kirche das Leben der Menschen bestimmt. Wozu brauchte man einen Staat, wenn man Gott hatte?

Die Realität freilich war eine völlig andere. Im Aargau löste die Regierung die Klöster auf, die Genfer jagten ihren Bischof nach Frankreich, der Bischof von Solothurn floh nach Luzern und der protestantisch dominierte Kanton Bern warf die katholischen Priester kurzerhand aus dem Land. Diese kehrten dann jeweils bei Nacht und Nebel zurück und feierten ihre Messen eben in irgendeiner Scheune oder im Wald. Kleinlützel war eine Solothurner Exklave, mit einer kurzen Grenze zum Elsass und ansonsten umschlossen von Berner Gebiet. Gabriel wurde also zum letzten legal predigenden katholischen Pfarrer in beträchtlichem Umkreis.

Es war eine garstige Zeit, und gerade deshalb ist die Geschichte umso fantastischer, die ich in Röschenz aufgestöbert habe. Röschenz liegt nur eine Stunde zu Fuß von Kleinlützel entfernt, und auch hier floh der Pfarrer über die Grenze. Allerdings erzählte der Dorfpolizist immer lange im Voraus, wie er seinen Sonntag zu verbringen gedachte. So wussten die Kirchentreuen, wo sie ihre Messen abhalten konnten, und der Polizist war sich sicher, dass er niemanden verhaften musste. Denn der kluge Mann hatte begriffen, dass es den Leuten im Dorf am besten ging, wenn sie miteinander auskamen und Dogmen, Prinzipien und Konflikte den Mächtigen in Bern oder Rom überließen.

Leider fehlte es in Kleinlützel an Geistern von dieser Statur. Im Gegenteil: Die Stimmung kippte ins Giftige. Die liberale Zeitung (und eine andere gab es nicht) verhöhnte Gabriel als «Schweinehirten», «Schwabenkäfer» und Schlimmeres, woraufhin der konservative Posthalter das Blatt mehrere Wochen lang daheim im Ofen verbrannte, statt es an die Abonnenten zu verteilen. Aber auch Gabriel verbreitete nicht nur Rosenwasser und Nächstenliebe. Von der Kanzel aus machte er Stimmung gegen die Liberalen und ihren Staat. Und als dann auch noch der Wirt des ‹Tell› – ein Liberaler und bekanntermaßen ein Trinker – eines Nachts besoffen in die Lützel fiel und es schaffte, in dem Bächlein zu ertrinken, erklärte Gabriel feierlich vor dem offenen Grab: «Gott gibt und Gott nimmt. Und wie einer lebt, so stirb er halt auch.»

Ritzen, Furchen, Abgründe zogen sich durchs Dorf. Die Leute begannen, sich aus dem Weg zu gehen. ‹Engel› und ‹Tell›, Kirche und Staat, Ratio und Religion standen sich unversöhnlich und zusehends schweigend gegenüber. Schließlich reichte ein Funke. Eines Nachts waren einige Kirchentreue auf dem Heimweg vom ‹Engel›. Sie waren aufgebracht, aufgeheizt, hatten politisiert und getrunken. Sie kamen an der Gemeindeverwaltung vorbei, einer griff sich einige Steine. Fenster gingen zu Bruch. Der Akt erscheint heute harmlos, aber es war ein gewaltsamer Angriff gegen den Staat. Die Regierung schickte einen Kommissar und drei Polizisten los, um in Kleinlützel für Ruhe und Ordnung zu sorgen. Raufbrüder, Unruhestifter und Brandredner waren zu verhaften. Der streitlustige Pfarrer stand zuoberst auf ihrer Liste.

Gabriel wurde vorgewarnt. Hastig packten er und Therese ihre Sachen, verriegelten die Kirche und übergaben die Schlüssel dem Küster. Mitten in der Nacht flohen sie über die Grenze. Zu Fuß erreichten sie im Morgengrauen das nächste Dorf. Bauern brachten sie nach Belfort (bzw. ‹Beffert›, wie es nun hieß), von dort fuhren sie anderntags mit dem Zug nach Paris. Sie kamen in einem Kloster unter, ruhten sich einige Tage aus und beschlossen, ihr Glück in Amerika zu versuchen. Also fuhren sie nach Le Havre und dann mit der ‹Saint Laurent› nach New York. Von dort reisten sie ans West-Ende des Erie-Sees, wo sich Gabriel mit dem Bischof von Ohio traf. Der schickte die beiden in eine kleine Gemeinde, die einen Priester brauchte: North Ridge, ein Stück außerhalb des Städtchens Defiance.

Es dauerte kein Jahr, da verlor Gabriel eine weitere Köchin: Therese heiratete einen jungen Farmer.

Natürlich: Ich hätte anderes zu tun gehabt. Da waren Arbeiten, Prüfungen und der Abschluss des Studiums. Aber wer sich nicht ablenken lässt, kommt ja zu nichts. Stephanie drängte sich in den Vordergrund, ob mir das passte oder nicht. Ich verbrachte mehr und mehr Zeit in Archiven, stöberte und suchte, machte mir Notizen, konsultierte Wörterbücher und alte Karten und fand hin und wieder ein neues Detail. Darüber, wie Jules zu seinen Farben kam oder wie Martina die Wäsche wusch. Archive gelten als staubig und öd, aber sie sind Fernrohre, Kaleidoskope in eine andere Zeit.

Im Telefonbuch fand ich ein Dutzend Cordeliers, schrieb Briefe auf Deutsch und Französisch und wurde von einer sympathischen Dame zum Kaffee eingeladen. Viel Neues erfuhr ich zwar nicht, aber Historiker sind wie Fischer: Oft angelt man nichts, dann und wann einen Turnschuh und dann plötzlich einen fünf Meter langen Hecht. Bei Wally fing ich Kuchen, Gebäck und noch mehr Feuer für die alte Geschichte. Ich besuchte Kleinlützel und entdeckte im ‹Engel› ein paar alte Fotos, dann fuhr ich nach Oberwil, wo ich mich mit dem Dorfhistoriker traf. Solche Hobby-Experten werden gern belächelt, aber sie sind ein Geschenk. Denn egal, ob peruanische Zwerglamas, Ritterrüstungen des 13. Jahrhunderts oder das Singverhalten von Blaumeisen:

Irgendwo sitzt immer irgendeine kauzige Koryphäe und weiß alles darüber.

Der Spezialist für die Oberwiler Dorfgeschichte war schnell gefunden. Pascal kenne ich aus Jugendtagen, und schon damals hatte er diese nie endende Liebe zu den Details. Genauso sorgsam befasste er sich nun mit den Annalen des Dorfs. Ich rief ihn an und lud mich zum Abendessen ein. Pascal kochte gut, aber noch besser waren die alten Karten, Fotos und Dokumente, die er mir präsentierte. Er erzählte vom Sägemeister Gschwind, vom Bau der Birsigthalbahn und von der Geschichte des Eisweihers. Und fast schon beiläufig erwähnte er, dass Jules' Haus an der Schulgasse immer noch steht. Die Gasse hat ihren Lauf geändert, aber das Haus ist noch da. Ich verabschiedete mich und fuhr noch in derselben Nacht zur angegebenen Adresse. Aus der Ablenkung wurde mehr und mehr eine Hauptbeschäftigung.

Oberwil

Der Duft von sauberer Wäsche durchzieht den Raum. Stephanie steht in der Stube und faltet Unterhemden. Ein schlaksiges Mädchen, die Haare zu zwei dünnen Zöpfen geflochten. Immer wieder wirft sie Blicke hinaus in den Garten, wo noch mehr Kleider an der Leine hängen. Weiter drüben, bei den Gemüsebeeten, sind ihre kleinen Brüder mit dem Einsammeln der Schnecken beschäftigt. Allerdings haben sie gerade herausgefunden, dass man sich mit ekligen Dingen auch gegenseitig bewerfen kann. Stephanie tritt ans Fenster und ruft ein paar scharfe Worte, die Buben kichern und machen sich wieder an die Arbeit.

Eigentlich muss sie noch auswendig lernen für die Schule, aber die Wäsche nimmt kein Ende. Hemden, Blusen, Röcke, Bettwäsche, Küchentücher, Unterhosen. Versehen mit den Initialen von Leuten aus dem halben Dorf. Stephanie schichtet die Stapel. Ihre Mutter ruft ihr aus der Küche zu, ob sie denn nicht gesehen habe, dass die Buben schon wieder streiten? Stephanie kümmert sich darum. Louis schickt sie zum kleinen Acker bei der Mühle; er soll Salat holen fürs Abendessen. Der größere Jules soll die letzten Schnecken einsammeln, dann den Leiterwagen nehmen und die saubere Wäsche ausliefern. «Aber geh langsam», mahnt sie, «sonst ist wieder alles voll Straßenstaub.»

Gestern hat Stephanie in einer Zeitschrift einen Text gelesen: eine Liebesgeschichte. Sie fragt sich, wie sie wohl ausgeht, aber sie kommt einfach nicht dazu, sie zu Ende zu lesen. Wie soll man erwachsen werden, wenn man keine Zeit hat, herauszufinden, wie die Liebesgeschichten enden? Die Mutter tritt aus der Küche, im Arm die kleine Marie. Stephanie soll sie bitte wickeln und dann in die Wiege legen und wie weit sie denn mit der Wäsche sei? Stephanie drückt ihrer Schwester ein Holzmännchen in die Hände, legt sie behutsam auf den Tisch und löst die Windel. Plötzlich hört sie die Tür schlagen. Ihr Vater ist da.

Jules machte eine theatralische Geste und bat seine Frau ins Haus. Die Räume waren tief, die Mauern dick, die Fenster klein. Doch von der Stube ging der Blick in den Garten, wo das Grün nur so spross und hinter einigen Bäumen ein kleiner Schopf stand. «Da kommt meine Werkstatt hin», erklärte er stolz. Gemeinsam gingen sie durch die Räume. Viele waren es nicht, besonders hübsch waren sie nicht, aber: Es war ihr eigenes Haus.

Martina schaute sich um. Ein Bett, einen Tisch und zwei Stühle hatte Jules bereits organisiert; Teller und Besteck hatten sie von seinen Schwestern zur Hochzeit erhalten. Alles Weitere war offenbar ihre Aufgabe. Sie stellte die Wiege mit Stephanie in die Stube und gab ihr einen Stups, dann setzte sie sich in die Küche und schrieb eine Liste. Sie würden Vorhänge brauchen, Töpfe, Tücher, Küchenutensilien, Teppiche für die knarrenden Dielen und außerdem Saatgut und Gerätschaften für den Garten.

Dort schleppte Jules gerade Säcke mit Kalk in den Schopf, auf den er bereits mit leichten Strichen ‹Jules Cordelier, Malerwerkstatt› gepinselt hatte. Martina verstaute ihre Sachen, versorgte die Kleider ihres Mannes und lüftete das Schlafzimmer. Dann richtete sie die Stube notdürftig ein und begann, die Küche zu schrubben. Sie war in einem schlechten Zustand. Martina war noch nicht fertig, als Jules eintrat, das Gesicht verschwitzt, das Hemd fleckig und die Schuhe voll Erde. Ob sie noch nicht gekocht habe, wollte er wissen. Was ihm einfalle, das Haus mit dreckigen Schuhen zu betreten, hielt sie dagegen. Jules machte auf dem Absatz kehrt und ging aus dem Haus.

Als Martina zu Bett ging, war er noch nicht zurück.

Oberwil war ein dahingewürfeltes Dorf in einer offenen Landschaft. Bäche, Felder, Pappelreihen, sanfte Hügel, einige Reben, etwas Wald. Am Horizont erhoben sich Schwarzwald, Jura und Vogesen. Die einzige größere Straße führte nach Basel, das eine gute Stunde Fußmarsch entfernt lag. Am Dorf vorbei floss der Birsig, der sich unvermittelt verlangsamte, träge wurde, gluckste, gurgelte, pausierte und einen Sumpf bildete, aus dem er zweihundert Meter später rheinwärts trudelte. Der Boden war lehmig: Hier stachen Bauern Torf, dort brannten Arbeiter Backsteine und Ziegel.

Erleichtert stellte Martina fest, dass sie die Leute hier besser verstand als in Kleinlützel. Außerdem fiel sie mit ihrem alemannischen Akzent weniger auf und auf den vielen Baustellen arbeiteten ohnehin Leute von überall her. Im Dorf wurden neue Werkstätten und Geschäfte eröffnet, und in diesen kaufte Martina sich zuallererst Küchenutensilien, Lebensmittel und einen großen Zuber, den sie ebenfalls in die Küche stellte.

Bald kannte sie sich im Dorf einigermaßen aus. Von einer Nachbarin – sie stellte sich als Frau Recher vor – erhielt sie zudem ein paar Vorhänge geschenkt. Teppiche, Regale, Öllampen, Kerzen: Das Haus wurde wohnlich, und auch Jules fand bald zu seiner lockeren Art zurück.

Während seine Frau das Haus einrichtete, hörte er sich nach Aufträgen um. Eines Abends in der Pinte erhielt er einen Tipp. «Der Gschwind könnte einen Maler brauchen, der von der Sägerei bei der alten Mühle.» Anderntags traf Jules dort auf einen Mann mit flinken Augen, Schnauz und Sägemehl im Haar.

«Seid Ihr der Gschwind?», wollte Jules wissen.

«Nur wenn mich das nichts kostet», gab der Säger zurück.

«Da müsste ich aber schlecht verhandeln. Ich habe gehört, Ihr sucht einen Maler.»

«Einen? Ich kann drei gebrauchen. Seht Ihr die Maschinen dort? Die müssen gestrichen werden. Und die Hölzer da: Habt Ihr Farbe dabei oder seid Ihr nur zum Schwatzen gekommen?»

Gschwind lieferte Holz auf die Baustellen jenseits des Birsigs. Dort entstand gerade ein komplett neuer Ortsteil, aber das war für Gschwind nur ein Anfang. Es brauche dringend eine vernünftige Wasserversorgung, ließ er Jules wissen, die Schlepperei von den Brunnen müsse ein Ende haben. Außerdem müsse eine Bodenreform her, damit die Bauern nicht weiter verarmten. Auch müssten bessere Straßen gebaut werden, eine Eisenbahn nach Basel und eine richtige Sekundarschule – und das nicht bloß für die Buben. Überhaupt müssten sich die Leute zusammentun, um etwas zu bewegen. Jules hielt ihn für einen Schwätzer. Erst als Gschwind in die Details ging und Ideen skizzierte, wie das alles zu bewerkstelligen war, merkte er, dass der Sägemeister wusste, wovon er sprach. «Könnt Ihr morgen wiederkommen?», fragte der Säger gegen Abend. Jules nickte, trottete nach Hause und ging in seine Werkstatt. Dort mischte er die Farben für den nächsten Tag.

Jules mahlte jeden Abend mit einer kleinen Handmühle Kalk. Er gab Anilin und Alaunpulver dazu, rührte alles mit Wasser an und ließ es über Nacht eindicken. Die daraus resultierende Tünche eignete sich für Decken und Wände. Für delikatere Flächen verwendete er Farben aus Leinöl, dem er Anilin, Zinkweiß und Bleisalz beigab. Indigo oder Zinnober verliehen dem Ganzen dann einen besonderen Farbton. Ölfarben verwendete er beispielsweise für Maschinen, die vor Witterung und Rost geschützt werden mussten. Alle paar Wochen fuhr er mit einem befreundeten Bauern nach Basel. Dort lieferten sie erst das Heu, Getreide oder was der Bauer gerade geladen hatte ab, dann besorgten sie die Substanzen für die Farben und zurück ging's aufs Land. Das heißt, zunächst ging es meistens noch in ein Wirtshaus, wo sich Jules bei einem halben Roten für den Fahrdienst revanchierte. Wobei aus dem Halben durchaus ein Ganzer werden konnte. Oder ein Anderthalber.

Martina war währenddessen am Waschen. Mit einem Leiterwagen holte sie Bettlaken, Unterwäsche und Küchentücher aus dem halben Dorf und gab sie zu Hause in ihren Bottich. Abends kochte sie Wasser auf, goss es über die Wäsche und legte ein Tuch darüber, auf das sie Buchenasche streute. Aus dieser löste sich über Nacht eine schmierig-seifige Substanz. Die nassen Sachen brachte Martina anderntags mit dem Leiterwagen zum Dorfbrunnen, rieb sie übers Waschbrett und klatschte sie so lange auf den Brunnenrand, bis der Dreck herausgeklopft war. Waschtag war bei den meisten Leuten etwa dreimal im Jahr, und eine Wäscherin beizuziehen war eher Regel als Ausnahme. Einfache Wäsche wusch man häufiger und nicht ganz so heiß. Und besonders schwierige Flecken behandelte Martina vorab mit Galle oder Glyzerin.

Es dauerte bloß ein paar Monate, dann war Jules im Dorf bestens bekannt. Für seine verschmierten Klamotten, seine Farbtöpfe und dafür, dass er auf jeden blöden Spruch eine passende Antwort fand. Seine Frau hatte vom vielen Waschen bald die Unterarme eines Holzfällers, die Hände eines Metzgers und das Wissen eines Kommissars. Zwischen fleckigen Laken und gestopften Strümpfen schloss sie Bekanntschaften und erfuhr, wer die Schafe von der Lättenweide gestohlen hatte, wie der Elefanten-Fritz zu seinem Namen gekommen war, was man sich über die alte Korbflechter-Liesel erzählte und wer welche Abenteuer vor, während, nach oder sogar innerhalb seiner Ehe erlebt hatte.

War das Wichtigste erzählt und die Wäsche sauber, karrte Martina sie nach Hause, hängte sie in den Garten und brachte sie anderntags fertig gefaltet zu ihren Auftraggeberinnen zurück. Nebenbei kümmerte sie sich um Stephanie, besorgte den Haushalt, bestellte den Garten und zog auf einem Feld hinter der Mühle Bohnen, Kartoffeln, Salat, Kohl, Karotten und allerlei weiteres Gemüse. Jules und Martina lebten eine klassische Rollenverteilung: Monsieur hatte einen Beruf und Madame hatte zu tun.

Jules strich die Wände, Martina die Wäsche glatt, der Wind strich durch die Pappeln und am Kirchturm verstrich die Zeit. Stephanie lag, kroch, saß, stand, tappste, fiel und ging. Sie begann zu lallen, zu plappern, zu sprechen. Sie entdeckte ihre Füße, schob sich allerhand Dinge in den Mund und atmete die Gerüche von Seife, Farbe und feuchter Erde. Sie entwickelte Vorlieben, Abneigungen und einen Dickkopf, wurde gewickelt, getätschelt, gescholten, gelobt, geformt und erzogen.

Ihr Vater kümmerte sich wenig um sie; mal schnitt er Grimassen oder blödelte herum, aber Erziehung (noch dazu von Töchtern) war nun mal Frauensache, und so verbrachte Stephanie die meiste Zeit bei ihrer Mutter. Konnte die gerade nicht aufpassen, wurde sie zu Frau Recher geschickt. Die Nachbarin arbeitete als Schneiderin meist zu Hause und hatte eine Tochter in Stephanies Alter: Babette. Die Mädchen freundeten sich an und spielten gemeinsam mit Holzmännchen, Reifen und Stoffpuppen.

Stephanie war drei Jahre alt, als sie einen kleinen Bruder bekam. Darüber war sie zunächst so fürchterlich aufgeregt, dass sie fieberte. Aber als er dann auf der Welt war, war sie ebenso heftig enttäuscht. Der Kleine schlief die meiste Zeit, taugte zum Spielen überhaupt nichts und war offenbar so unwichtig, dass er nicht einmal einen eigenen Namen erhielt, sondern Jules gerufen wurde, wie sein Papa. Frau Recher war trotzdem fasziniert von dem Winzling, nannte ihn bei einem Besuch «Jules Junior», was Stephanie lustig fand, nachplapperte und zu «Juju» (Schüschü) verkürzte.

Immerhin machte Juju immer wieder lustige Geräusche und Gesichter, und so trug Stephanie ihn schließlich doch überall herum, erklärte ihm, was sie interessant fand (Katzen, Türklinken, Suppenlöffel), wiegte ihn und versuchte, ihn zu füttern. Auch spielte sie mit ihm und Babette ‹Familie›. Ein Jahr später kam Louis hinzu, und so hatte nun jedes der Mädchen ein ‹Kind›. Bald gaunerten die vier unbeaufsichtigt durch die Nachbarschaft, erkundeten Heuschober, Schweineställe und erlebten allerlei Kinderabenteuer.

Je grösser sie wurde, desto mehr ahmte Stephanie ihre Mutter nach – beim Wickeln, beim Waschen, beim Kochen, im Garten – bis das Spiel zur Hilfe wurde und die Hilfe zur Pflicht. Als Sechsjährige kümmerte sie sich bereits selbständig um ihre Brüder, ging zum Pflanzengießen auf den Acker oder mit dem Leiterwagen voll Wäsche zu Kundinnen. «Wenn das Kind bloß nicht immer so ein ernstes Gesicht machen würde», sagte Frau Recher, die sich nicht erklären konnte, warum Stephanie am Nachmittag oft so ein eigenartiges Bauchweh bekam, gegen das weder Tees noch Aufmunterungen zu helfen schienen. Waren die Mädchen bei Stephanie zu Hause, sagte Martina dann: «Es ist vielleicht besser, wenn Babette jetzt nach Hause geht», und Babette packte rasch ihre Sachen.

Gegen Abend wurde die Stimmung an der Schulgasse bleiern. Die Buben quengelten, Mutters Tonfall wurde unwirsch und Stephanies Bauch verkrampfte sich. Die Fenster wurden noch kleiner, die Decken tiefer und die Mauern dicker. Stephanie brachte ihre Brüder ins Bett, legte sich neben sie unter die Decke und lauschte, ob die Haustür ging.

*

Jules hat gesoffen. Ich habe nie herausgefunden, weshalb. Hatte er Depressionen? War er unglücklich in seiner nicht ganz freiwilligen Ehe? Liebte er einfach den Rausch? Sicher ist, dass er ein geselliger Trinker war. Denn Jules, so viel ist überliefert, konnte nicht nur Gläser stemmen und Witze reißen, er konnte auch bauchreden. Traf er sich abends in der Degen-Pinte mit dem Elefanten-Fritz, dem Roten Sepp und den andern, dann klopfte er Sprüche und unterhielt die Runde. Mit versteinerter Miene kommentierte er das Dorfgeschehen, imitierte Pfarrer Hoffmanns salbungsvolle Reden oder den Schwanenwirt, bei dem bekanntermaßen die Frau bestimmte, wo zu Hause die Suppenkelle hing. Die Leute johlten und bald hatte Jules ein weiteres Glas vor sich. Von der Pinte zog er zum ‹Schützengarten› und von da schwankte er weiter in den ‹Ochsen›, wo er eine Runde ausgab.

Jules' Trinkerei war eine persönliche Tragödie und sie war ein soziales Problem. Denn der Maler war bei Weitem nicht allein. Beim Bundesamt für Statistik bin ich auf Zahlen gestoßen, die zeigen: Nie zuvor und nie danach wurde in der Schweiz so gebechert wie 1880. Pro Kopf doppelt so viel wie heute, vom Hochprozentigen das Dreifache, und während sich der heutige Konsum auf praktisch alle verteilt, gab es damals weite Bevölkerungskreise, die nichts konsumierten. Wer trank, trank also nicht, sondern soff. Viele verarmten, und nicht wenige starben daran. Jules kippte zum Frühstück den ersten Schnaps und das Geld, das er tagsüber verdiente, das trug er abends in die Beiz.

Jules hat versagt. Als Partner, als Vater, als Ernährer. Also: als Mann. Mal kam er abends grölend und schwankend nach Hause, mal geladen und aggressiv. Martina versuchte, seine Sucht erst zu ignorieren und auch später ging sie nicht dagegen an. Sie wehrte sich nicht, und das machte es nicht besser. Denn je tiefer er sank, desto höher stand sie über ihm. Also musste er umso härter zuschlagen, um die Ordnung wieder ins Lot zu hauen. War eins der Kinder am falschen Platz, machte er keinen Unterschied.

Irgendwann wurde Martina erneut schwanger, aber Céléstin erhielt seinen Namen, weil er nur kurz auf die Welt kam und gleich wieder im Himmel verschwand. So jedenfalls bekam es die verwirrte Stephanie von ihrer Mutter erklärt. Stephanies Kindheit spielte in einer verzerrten Welt. Sie spürte, dass ihr Familienleben nicht normal war, und zugleich war es das doch. Stephanie war verwirrt und überfordert. Schläge bekam sie zwar nicht oft, aber Schläge waren ohnehin nicht das Schlimmste. Schlimmer war, wie aus ihrem Papa die Grobheit hervorbrach. Schlimmer war die Beklemmung, die Hilflosigkeit, die Ohnmacht, die Stephanie festhielt, wenn sie im Bett lag und hörte, wie es in der Stube laut wurde. Schlimmer war, nicht zu wissen, wie böse alles noch werden würde.

Intuitiv lernte sie, keine Fragen zu stellen, nicht zu sprechen und eine Ausflucht bereit zu haben, wenn jemand zu viel wissen wollte – ihre Mutter machte es genauso. Die schuftete sich kaputt, um die Familie durchzubringen. Und wenn sie nicht arbeitete, dann saß sie in der Kirche und rief die Heiligen zu Hilfe. Pfarrer Hoffmann machte ihr Mut und lobte sie für ihre Opferbereitschaft. «Alles nimmt einmal ein Ende», meinte er aufmunternd und drückte ihr die Hände. «Auch Jesus hat viel gelitten.»

Über das Leiden ist mir bei meinen Recherchen eine Kurzgeschichte in die Hände gefallen. Geschrieben hat sie Johanna Spyri. Spyri hat später ‹Heidi› verfasst, aber mit der Kurzgeschichte hatte sie ihren literarischen Durchbruch. Die Handlung? Ein Wildfang verliebt sich in einen ‹bad boy› und brennt mit ihm durch. Was gründlich schiefgeht. Der Mann behandelt sie miserabel. Jahre später kehren die beiden ins Dorf zurück, und was tut sie? Richtig, sie geht in die Kirche, wird weiter geschlagen, bleibt aber fest im Glauben, bis sie schließlich an den Misshandlungen stirbt. Dann erkennt der Idiot, dass er ein Idiot war, wird selbst fromm, und so wendet sich alles zum trostlosen Guten. Und diese Geschichte war ein Bestseller! Ob Martina sie gelesen hat oder nicht, ist gar nicht so wichtig: Die Idee, dass das Übel der Welt durch das Leiden der Guten geheilt wird, durchdrang alle religiösen Milieus.

Aber Martinas Leiden galt nicht nur als edel, sie sah auch einfach keinen anderen Ausweg. Weglaufen? Sie wäre eine gefallene Frau gewesen, ihre Kinder wären zeitlebens geächtet gewesen. Und außer Frau Recher, die vorsichtig nachfragte und Pfarrer Hoffmann, der Durchhalteparolen ausgab, interessierte sich niemand dafür, wie es bei den Cordeliers zu Hause zuging. Abstinenzler-Bewegungen wie die Heilsarmee oder das Blaue Kreuz entstanden erst etwas später und starteten nicht als erstes in Oberwil. Martina blieb also, wo sie war, ertrug die Widrigkeiten ihrer Ehe und betete um ein Wunder. Und wenigstens ein kleines stellte sich mit den Jahren auch ein. Das allerdings lag weniger an den Heiligen als an zweien, von denen Martina nie im Leben etwas Gutes erwartet hätte: den Behörden und dem Bier.

Jules und seine Brüder im Spiritus haben nämlich vor allem Schnäpse getrunken. Die Bauern brannten, was sie konnten, und die liberalen Behörden erklärten den Alkoholkonsum zur Frage der persönlichen Freiheit. Erst als die Folgen der Seuche überdeutlich wurden, änderten sie ihre Haltung. Nun schränkten sie die Schnapsbrennerei ein, machten den Staat zum einzigen legalen Alkoholhändler und förderten die Produktion von Bier, um den Schnaps zu verdrängen. Das freute die Brauereien und die Schweizer Trinksitten änderten von russisch auf deutsch. Auch Jules fing sich nach und nach auf, und das Leben im Haus an der Schulgasse wurde mit den Jahren zumindest erträglicher.

*

Beliebt, hübsch, vorlaut, rebellisch und schlagfertig: Das alles war Stephanie nicht. Sie hatte eine Handvoll Freundinnen, die meisten so unscheinbar wie sie selbst, war zurückhaltend, überlegt, ernst und verschlossen. Sie benahm sich älter als sie war. Sie war ein vorbildliches Kind oder besser gesagt: Sie war ziemlich langweilig.

Außerdem war sie immer in Eile. Stets hatte sie noch etwas zu erledigen. Nach Juju und Louis kümmerte sie sich um Louise, Marie und Elise, die der Storch im Abstand einiger Jahre vorbeibrachte. Sie fütterte, tröstete und wechselte Windeln, und wenn sie mit der rechten Hand den Kinderwagen steuerte, zog sie mit der Linken oft den Leiterwagen mit schmutziger Wäsche hinter sich her. Sie knetete und schrubbte, sie hängte auf und ab, faltete und brachte die sauberen Stapel bei den Leuten vorbei. Sie half im Garten und in der Küche, machte Besorgungen und gehorchte den Anweisungen der Mutter, den Marotten der Geschwister, den Launen des Vaters und den Ansprüchen des Lehrers. Dauernd rannte sie irgendwem oder irgendetwas hinterher, bemüht, ihre Pflichten so gut zu erfüllen, wie sie eben konnte. Für sie selbst blieb wenig Zeit. Einmal versuchte sie, ein Buch zu lesen, während sie gleichzeitig Marie im Kinderwagen spazieren führte. Der Wagen kippte bei einem Schlagloch, Marie zog sich einige Schrammen zu, und Stephanie wurde daheim von ihrer Mutter gescholten.

Stephanie war nicht die einzige, bei der zu Hause getrunken wurde. Die Amstatt-Anni war frech, vorlaut und kriegte regelmäßig Tatzen. Der Kiesmüller-Otti klaute, stritt sich und blieb keiner Keilerei fern. Stephanie hingegen bekam gute Noten und verschwand. Sie versuchte, das Versagen ihres Vaters zu kompensieren. Sie rebellierte nicht, sie fiel nicht auf, sie war gehorsam und pflichtbewusst. Wenn in der Klasse still dagesessen wurde, saß sie still da, und wenn etwas aufgesagt werden musste, konnte sie ihren Text. Sie weinte nur, wenn es niemand sah. Stephanie schämte sich für ihren Vater, für ihre Familie und für sich selbst. Dass es Leute gab, die heiraten ‹mussten›, erfuhr sie als Zehnjährige auf dem Pausenplatz. Für alles Weitere brauchte sie nur ein Quäntchen Mathe und eine Spur Fantasie. Als sie dann in der Sonntagsschule erstmals zur Beichte musste, sagte sie dem Pfarrer, sie sei schuld am Unglück ihrer Eltern.

Stephanie mochte die Sonntage. Die Vormittage in der Kirche waren seltene Momente der Ruhe. Momente, in denen sie nur dazusitzen brauchte, etwas herumschauen und ihren Gedanken nachhängen konnte. Nur schon der Raum wirkte beruhigend, er verlangsamte die Leute und machte sie flüstern. Das Licht fiel majestätisch durch die hohen Fenster, die Männer saßen rechts, die Frauen links, gemeinsam sangen alle Lieder, und für kurze Zeit, dachte Stephanie, wurde nirgends getrunken, gab es nirgendwo Streit. Ihre Mutter nahm sie im Advent mit zu den Frühmessen, im Frühling zu Prozessionen und im Sommer zur Wallfahrt.

Gewiss, Pfarrer Hoffmann konnte laut werden, wenn er auf die Sünden zu sprechen kam. Dann beschwor er mit Donnerstimme Hölle und Verdammnis. Aber Stephanie fand das gar nicht so besonders. Welcher Erwachsene war denn nicht manchmal laut, rechthaberisch und autoritär? Lehrer Gerster war sicher nicht weniger streng. Außerdem war Hoffmann der bessere Redner, hatte die interessanteren Themen und die anschaulicheren Geschichten. Was Jesus in der Wüste gemacht oder wie er auf Ungerechtigkeit reagiert hatte, interessierte Stephanie wirklich. Ganz im Gegensatz zu Gersters Bruchrechnungen.

Glücklicherweise bot sich Stephanie ein Ausweg aus Verpflichtungen, Ängsten und Scham: Träume. Dabei war der Mann, der diese am meisten anfachte, selbst beinahe ein Phantom, eine Fantasie, eine Sagenfigur. Denn Stephanie lernte Onkel Jakob nie kennen. Doch kurz nach ihrem zwölften Geburtstag schrieb der Bruder ihrer Mutter einen Brief. Noch lebte er in dem Weiler bei Ravensburg, wo auch Martina aufgewachsen war, aber bald, ließ er sie wissen, bald wandere er aus. Er gehe nach Amerika. Einige Wochen später kam ein weiterer Brief; aus Virginia. Danach kam keiner mehr, aber das war gar nicht so wichtig.

Stephanie fuhr mit den Fingern Jakobs Buchstaben nach. Sie befühlte das Papier und versuchte sich vorzustellen, dass dieses über das weite Meer zu ihr nach Hause gekommen war. Sie hielt ihre Nase ganz nahe ans Blatt, um zu erfahren, wie es in Amerika roch. Sie war aufgewühlt und fasziniert, und dieser Jakob ging ihr nicht aus dem Kopf.

Natürlich wusste sie, dass es einen ‹Onkel Gabriel› und eine ‹Tante Therese› in einem fernen Land namens ‹Ohio› in ‹Amerika› gab. Mama korrespondierte mit ihnen und las manchmal Briefe vor. Aber die waren ihr immer grässlich langweilig erschienen. Meist drehten sie sich um den Getreidepreis, das Wetter und noch viel entferntere, unbekanntere Verwandte. ‹Therese› und ‹Gabriel› waren für die Fünftklässlerin immer abstrakte Figuren gewesen und über den Ort, an dem sie lebten, hatte sie noch nie nachgedacht. Mit Jakob hingegen war alles anders. Seine Auswanderung hatte Stephanie miterlebt: Er hatte beschlossen zu gehen und war gegangen. Und Stephanie fühlte: Das konnte sie eigentlich auch.

So nahm sie eines Tages beim Wäsche-Kneten am Dorfbrunnen ihren Mut zusammen und sagte: «Wenn ich groß bin, will ich auch einmal nach Amerika.» Mama und die Wäscherinnen lachten. Aber Stephanie sagte es immer wieder. Mal vor dem Einschlafen für sich selbst, mal in Gesprächen mit ihrer Mutter. Nie hätte sie sich gedacht, welche Folgen dieser Satz einmal haben würde. Ein wenig wegen ‹Amerika›, vor allem aber wegen der Worte ‹ich› und ‹will›. Denn an genau jenem Punkt, mit jenem ‹ich will›, nahm das langweilige kleine Leben des langweiligen kleinen Mädchens still und unbemerkt eine andere Wendung.

Fürs Erste bestand Stephanies Alltag aber vor allem aus Alltag, und der war so banal und kreisläufig wie dieser Satz. In der Schule saß sie mit Babette am Rand des Klassenzimmers und hörte Gersters umständlichen Monologen zu. Was er auf die Tafel schrieb, schrieben die Kinder ab und lernten es auswendig. In der Mitte des Zimmers saßen die Buben, die Mädchen beachtete Gerster nur, wenn sie tuschelten. Dann stellte er sie in eine Ecke oder griff zum Rohrstock. Stephanie tuschelte nicht. Sie ärgerte sich bloß, dass sich alles um die Buben drehen musste: der Unterricht des Lehrers, die Gespräche der Mädchen und vor allem die Buben selbst. In der Schule, in der Kirche, im Dorf, überall war es dasselbe. Außer daheim. Dort war ihr Vater nur sichtbar, wenn er störte. Ansonsten bestimmte die Mutter, wer was zu tun hatte und was auf den Tisch kam. Mama war die Säule der Familie und während sie mit der Wäscherei Geld verdiente, übernahm Stephanie immer mehr Verantwortung und immer mehr Arbeit.

Mutter und Tochter verstanden sich blind. Stephanie war zwar gerade mal im letzten Schuljahr, trotzdem fühlte sie sich mehr oder minder erwachsen. Mama konnte sich auf sie verlassen. Sie half im Haushalt, putzte, schrubbte und erledigte einen Teil der Wäsche. Nicht, dass Stephanie eine andere Wahl gehabt hätte: Ohne ihren Einsatz hätte die Familie nicht funktioniert. Die beiden Frauen hielten alles am Laufen. Stephanie teilte Juju und Louis verschiedene Aufgaben zu, kümmerte sich um die Mädchen und wenn ihr vor lauter Arbeit die Muskeln schmerzten, träumte sie beim Abwaschen, Wäsche-Aufhängen oder beim Unkrautjäten von der Prärie.

Die ehemals langweiligen Briefe von Tante Therese und Onkel Gabriel studierte sie nun glücklich und minutiös. Sie las die Texte und verglich sie mit dem, was sie aus Büchern, Zeitschriften und Erzählungen über Amerika in Erfahrung gebracht hatte. Sie befühlte das Papier, wog es in der Hand und betrachtete minutenlang Maserungen und Schattierung. Und sie bat ihre Mutter, der Tante Fragen zu Indianern, Bisons und Plantagen zu stellen. Thereses Briefe hatten etwas Magisches: Sie waren herübergewehte Fragmente aus der Welt hinter dem Meer. Einer Welt, die groß und weit und abenteuerlich war. Wo leeres Land darauf wartete, bebaut zu werden, wo arme Leute reich und unglückliche glücklich werden konnten.

Im Garten spross und verwehte der Löwenzahn, und mit ihm blühte und verflog die Zeit. Mama verlängerte die Röcke, und Juju erbte die zu kleinen Schuhe. Immer im Frühling entzündeten die Männer auf einem Hügel ein Feuer. Sie hielten auf Haselruten gespießte Holzscheiben in die Glut, schwangen die Ruten herum, spickten die Scheiben funkensprühend in die Nacht und versprachen sich davon Glück in der Liebe. Bei wem das gewirkt hatte, zeigte sich dann im Sommer, wenn der Geruch des Heus durchs Dorf wehte und auf Festen Musiker zum Tanz spielten. Stephanie und Babette zogen durchs Getümmel, alberten herum und linsten manchmal vielleicht ein klein bisschen zu den Buben hinüber, bevor sie in Gekicher ausbrachen.

Im Herbst half Stephanie, Konfitüren und Kompotte zu kochen und strickte Handschuhe und Socken für die Geschwisterchen. Und wenn die Nächte dann richtig kalt wurden, legte Sägemeister Gschwind bei einem selbstgezimmerten Stauwehr am Birsig einen Regler um. Das Wasser lief dann über Rinnen und Kanäle über den Sumpf und schuf so eine Eisfläche, auf der es sich ganz ordentlich Schlittschuh laufen ließ. Juju und Louis versuchten sich darin, stolperten, fielen, standen auf und kurvten bald ziemlich selbstverständlich über das rutschige Weiß.

Auch Stephanie hätte es gerne versucht, aber Mama fand, solcherlei zieme sich für ein anständiges Mädchen nicht. Ihr Vater sah das weniger eng, aber Erziehung war nichts, was ihn besonders beschäftigte. Dafür konnte sich Stephanie inzwischen manchmal auch ganz gut mit ihm unterhalten. Nüchtern war er ein ziemlich gescheiter Mann, der witzige Einfälle hatte und über verblüffend vieles Bescheid wusste.

Dann war Stephanie 14 Jahre alt, und die Schule war vorbei.

*

Von den Farben her stelle ich mir das damalige Basel wie einen großen Rosthaufen vor. Die Stadt bestand aus korrodiertem Eisen und rostigem Stahl, aus schmutzigen Ziegeln, rotem Sandstein, verrußten Backsteinen, und über allem lag eine Wolke aus Rauch. Außerdem war es laut. Überall schepperte, schnaubte und stampfte es. Pferde wieherten, Marktfahrer brüllten und irgendwo zischte Dampf aus einem Ventil. Basel war in Bewegung, ständig wurde Neues gebaut, Altes abgerissen und jedes Jahr kam die Bevölkerung von einem oder zwei Dörfern hinzu. Und Stephanie zog nun jeden Morgen in dieses hypnotisierende Durcheinander.

Die Stadt war im Umbruch. Bislang hatte sich alles um die Herstellung textiler Schnörkel gedreht. In Fabriken waren Quasten, Bändel, Bordüren gefertigt worden. Dinge, die wahnsinnig teuer und ungeheuer modisch waren. Aber das Zeitalter der Seidenbänder ging gerade zu Ende, und etwas Neues trat an seine Stelle. Die wertvollen Stoffe mussten nämlich gefärbt werden. Und über die Forschung an Farben entdeckten Spezialisten chemische Zusammenhänge, woraus später die Pharma-Industrie entstehen sollte. Anders gesagt: Die Firmen, die damals die Zutaten für Jules' Farben herstellten, verkaufen heute Kopfwehtabletten und Blutdrucksenker. Bloß gab es zu Stephanies Zeit noch keine weißen Laborkittel, keine sterilen Reagenzgläser und keine betriebseigenen Kläranlagen. Die Luft über der Stadt roch faulig, und der Rhein war eine so eigenartige Brühe, dass niemand auf die Idee gekommen wäre, sich zur Erholung ans Ufer zu setzen oder gar darin zu baden.

Das Gebäude der Handarbeitsschule war eine Ode an scharfe Schnitte und rechte Winkel und strahlte dieselbe Autorität aus wie die Lehrerinnen, die darin den Takt angaben. Lesen und rechnen konnte Stephanie, jetzt war es Zeit für einen richtigen Beruf. Bügeln. Oh ja, das war ein Beruf! Denn Wolle schlabberte, Baumwolle und Leinen ebenfalls und etwas anderes konnten sich gewöhnliche Leute gar nicht leisten. Wenn etwas eine Form haben sollte, musste es deshalb ‹gestärkt› werden. Wirklich: mit Kartoffelstärke.

Stephanie schaute zu, wie man diese aufkochte, lernte Hemden und Blusen gleichmäßig hineinzugeben und mit heißen Eisen zu plätten. Das klingt einfach, aber wenn sie mit der falschen Temperatur oder dem falschen Tempo arbeitete, wenn der Stoff ungleichmäßig durchnässt war oder das Bügeleisen zu lange auf dem Ofen gestanden hatte, dann hatte die Bluse hier Form und da nicht, oder sie bügelte Stärkeflecken ins Hemd und konnte wieder mit Waschen anfangen. Nicht, dass ihr das oft passiert wäre: Mit Stoffen kannte sich Stephanie aus, exaktes Arbeiten war sie gewohnt und die Techniken hatte sie darum bald bestens im Griff. Übrigens bügelte zu jener Zeit niemand seine Hemden selbst, und die Kleider wurden auch nicht besonders oft gewechselt. Die Männer nahmen einfach alle paar Tage den Hemdkragen ab, knöpften einen neuen Kragen drauf, und schon waren sie wieder frisch. Manches war früher eben doch besser.

Aber Stephanie lernte in der Stadt nicht bloß ein neues Handwerk. Viel entscheidender war, dass sie endlich mal von zu Hause weg und raus aus dem Dorf kam. Basel belebte ihren Horizont. Sie sah riesige Fabriken, noble Villen und miese Absteigen. Sie sah Armut und Reichtum, Männer mit Frack und Frauen mit Hut und Bettler, die ihr verkrüppelte Gliedmaßen entgegenstreckten. Sie begegnete Polizisten mit Säbeln, lärmenden Straßenhändlern und Karawanen mützentragender Arbeiterinnen und Arbeiter, die frühmorgens zu den Industriehallen zogen. Sie wurde mit fluchenden Fuhrknechten konfrontiert, mit stinkenden Fischern, gewieften Schneiderinnen, frivolen ‹Frolleins› und blasierten Jünglingen, die auf Fahrrädern an ihr vorbeischossen. Einmal sah sie sogar eine Frau auf so einer Maschine, und die trug tatsächlich Hosen!

*

«Hosen?», rief ihre Mutter aus. Die Mädchen kicherten, Louis grinste und meinte: «Wenn sie will, kann Stephanie meine anziehen. Aber sie passt ja nicht hinein.» Stephanie wollte keine Hosen, sie hatte ganz andere Sorgen. Mit 16 Jahren verbrachte sie ihre Tage wieder zu Hause, zwischen Wäschestapeln, Bügeleisen und streitenden Geschwistern. Ihr Vater hatte die Anschrift am Haus von ‹Wäscherei Cordelier› zu ‹Wäscherei-Glätterei Cordelier› umgeändert, und so tat Stephanie, was für alle das Beste war: Sie machte sich nützlich.

Natürlich war sie stolz, dass sie zum Einkommen der Familie beitrug, dass sie im Duett mit ihrer Mutter jetzt nicht mehr nur Helferin, sondern auch Expertin war. Zugleich langweilte sie sich. Sie war fürs Kind-Sein zu alt, fürs Heiraten zu jung, und auf ein uninteressantes Jahr folgte ein nächstes. Babette hatte angefangen, sich für Buben zu interessieren, aber Stephanie wurde schon rot, wenn ihre Freundin nur am Thema vorbeistreifte. Erst recht, wenn Babette Johann ins Spiel brachte.

In der Schule war die Liebe nie ein Thema gewesen und in den Büchern wurde sie so dezent angedeutet oder so übertrieben aufgebauscht, dass man genauso gut gar nichts darüber hätte schreiben können. Am häufigsten sprach Pfarrer Hoffmann von der Liebe, aber der bezog sie stets nur auf nebulöse ‹Nächste› und fiktive ‹Feinde›, was auch nicht weiterhalf. Stephanie hörte nur mit halbem Ohr zu. Drüben bei den Männern saß Johann, ein Schlaks, der Grübchen hatte, wenn er lachte. Ein paar Mal hatten sich ihre Blicke gekreuzt und sie wusste nicht, was das zu bedeuten hatte. Johann wusste es offenbar genauso wenig, und so kam die Geschichte nicht vom Fleck.

Das Leben plätscherte also vor sich hin, als eines Tages ein Brief kam, der in Stephanies Gefühlswelt einbrach wie ein Sturm in einen Herbstwald. Absenderin war nicht Johann, sondern Tante Therese. Sie berichtete über die Ernte, das

Wetter und den neusten Familienzuwachs, dann kam sie zum Punkt. Die Farm, die sie und ihr Mann Peter bewirtschafteten, lief so gut, dass die beiden beschlossen hatten, sie auszubauen. Eine neue Scheune sollte entstehen und das Wohngebäude musste ebenfalls vergrößert werden. Das Problem war, dass der Hof weit abgelegen war, weshalb Stephanies Tante die Handwerker alle selbst beherbergen und verköstigen musste. Es kam also viel Arbeit auf sie zu, und darum schlug Therese vor, dass Martinas Älteste nach Ohio kommen und ihr helfen könnte. Richtig: Stephanie solle nach Amerika kommen. Sie solle es sich gut überlegen, riet die Tante. Amerika biete für eine junge Frau gute Arbeit und insgesamt einfach die besseren Perspektiven als das alte Europa.

Stephanie überlegte nicht: Sie wollte. Unbedingt! Ihr Leben in Oberwil war flau, fremdbestimmt, und die einzige Perspektive war, eines Tages von einem Wagner, Sattler oder Fassmacher geheiratet zu werden. Sie *musste* nach Amerika – aber sie konnte nicht. «Wer soll denn zu den Geschwistern schauen? Wer soll sich um die Wäsche kümmern, wer soll sie Bügeln?», wandte die Mutter ein, und der Vater erklärte: «Die Mutter hat Recht. Deine Hilfe wird hier mehr gebraucht als in Ohio.» Ihre Begeisterung schlug um in Verzweiflung und Wut. Aber weder Streit noch Betteln, weder Drohen noch Schweigen konnte ihre Eltern umstimmen. Aus Stephanies heftigstem Kampf wurde ihre bitterste Enttäuschung.

In den nächsten zwei Jahren passierte nichts. Das heißt: Eigentlich passierte ziemlich viel, Oberwil wurde modern. Auf schmalen Schienen verband ein kleiner Zug das Dorf mit der Stadt. Erste Oberwiler pendelten nach Basel, und auch Jules übernahm einige Aufträge in der Stadt. Wenn er dort arbeitete, kochte Martina das Mittagessen eine halbe Stunde früher. Stephanie trug dann einen heißen Topf zur Bahnstation, wo sie auf viele weitere Frauen traf, was einen Waggon voll dampfender Töpfe und in Basel zufriedene Männer ergab.

Aber die ‹Glätteisen› genannten, klobigen Lokomotiven brachten nicht nur Töpfe nach Basel, sondern auch Menschen und Güter aufs Land. Beim alten Düblin gab es im Krämerladen nun Wein aus den Vogesen und Käsesorten aus der Innerschweiz. Vor allem aber brachte die Bahn den Rauch. Die großen Gewerbebetriebe stellten von Wasserrädern und Torföfen auf Steinkohle um, welche die Bahn in verbeulten Waggons tonnenweise herankarrte.

Aber damit nicht genug: Gschwind ließ den Sumpf trockenlegen. Ein Ungetüm aus Stahlrohren pumpte das Wasser ab, dann hoben Dutzende Männer das Terrain mit Schaufeln aus. Dadurch entstand ein Becken, ein künstlicher Weiher, der im Winter gefror. Kräftige Männer sägten das Eis dann in Blöcke, hoben es mit Haken heraus und brachten es in ein Kellergewölbe. Dort wurde es bis im Sommer gelagert, bevor es mit der Bahn nach Basel transportiert und dort an Hotels, Restaurants und Brauereien verkauft wurde. Auch Schlittschuh wurde weiterhin gelaufen und das mehr als je zuvor. An Wintersonntagen dampften vornehme Städterinnern und Städter per Bahn zum Oberwiler Eisfeld. Dort montierten ihnen Louis und andere Buben gegen ein Trinkgeld Kufen an die Schuhe. Fiel dieses zu schmal aus, überdrehten sie manchmal die Schrauben und die Absätze brachen mitten auf dem Eis. Neben dem Eisfeld eröffnete ein elegantes Restaurant und von einem Pavillon spielte ein Orchester, das dem Tanz und den Pirouetten der Noblesse den richtigen Schwung gab. Die Bahn machte das Bauerndorf ein bisschen industriell und eine Prise mondän.

Tischtücher, Schürzen und Servietten aus dem Lokal bei der Eisbahn holte Martina Cordelier jeweils am Montagmorgen ab. Sie wusch die Sachen und Stephanie bügelte sie. Ihre Arbeit war weder industriell noch mondän, und das einzige Neue daran war, dass nun nicht mehr mit Asche, sondern mit Seife gewaschen wurde. Die Wäscherei/Glätterei lief recht gut, und mit langen Arbeitstagen brachten die beiden Frauen die Familie durch. Mutter und Tochter arbeiteten immer enger, immer partnerschaftlicher zusammen. Sie stemmten die Arbeit und orchestrierten die Familie. Martina hatte beim Waschen und in der Küche das Sagen, Stephanie übernahm das Bügeln und dirigierte die Geschwister. Die Buben setzte sie als Laufburschen, im Garten und auf dem Acker ein. Den Mädchen übertrug sie kleinere Aufgaben im Haushalt, für echte Mithilfe waren sie aber noch zu klein.

Mutter und Tochter führten ihren Betrieb, besprachen Familienangelegenheiten und Dorfgeschehen, überlegten, wie der nachlässige Louis seine Schulleistungen in den Griff kriegen könnte, wie dieser oder jener Fleck anzugehen war und wie es in letzter Zeit um Vaters Trinkverhalten stand. Stephanie stellte sich darauf ein, dass ihr Leben in Oberwil stattfinden würde. Das Geschäker mit ‹Johann-mit-den-Grübchen› wurde zunächst lebhafter, aber dann zerschlug sich die Sache, weil Johann sein Interesse an der Gerster Gretel entdeckte. Die war zwar eine dumme Gans und sehr hässlich, konnte aber als Lehrerstochter eine beträchtliche Aussteuer in die Ehe mitbringen. (An dieser Stelle sind die Quellen möglicherweise nicht ganz objektiv.)

Fräul. Stephenie Cordelier
Schoolgass 5
Oberwil bey Basel
Switzerland

Stephanie konnte sich nicht erinnern, überhaupt schon einmal persönliche Post bekommen zu haben, und jetzt kam ein Brief aus Amerika! Sie fischte das Papier vom Küchentisch, eilte hinaus in den Garten, lehnte sich gegen den Birnbaum und setzte sich ins Gras. Vorsichtig öffnete sie das Couvert. Der Brief duftete. Ihre Finger glitten über das Papier und falteten es auseinander. Sie stützte ihre Hände auf die Knie, um weniger zu zittern und besser lesen zu können.

Tante Therese ging es immer noch prächtig. Die Farm gedieh, und die Kinderschar wuchs Jahr um Jahr an. Gerade kürzlich war Father Gabriel zu Besuch gewesen, «und wir haben über unsere Zeit in Klinelutzl gesprochen. Wir haben davon gesprochen, wie du im Pfarrhaus in die Welt gekommen bist und wie du dir so gewunscht hast, nach Ohio zu kommen. Wenn es immer noch Dine Wunsch ist, so werden dein Onkel und ich dir das Reisegeld schicken.» Um eine Stelle brauche sie sich keine Sorgen zu machen, schrieb die Tante, da lasse sich bestimmt etwas organisieren.

Stephanie starrte auf das Papier. Mit offenem Mund stieß sie Luft aus, aber aus ihrem Hals kam kein Ton. Glück durchflutete sie. Sie zwang sich zur Ruhe, streckte den Rücken, las den Brief und las den Brief erneut. Dann endlich sprang sie auf, rannte, preschte aus dem Garten, hämmerte an die Tür der Rechers und zeigte Babette das Papier. Das war es tatsächlich: Sie hatte eine Fahrkarte nach Amerika! Wenn ihre Eltern zustimmten, konnte sie gehen.

Die Freundinnen legten sich ihre Argumente zurecht: «Seit dem letzten Mal sind deine Geschwister zwei Jahre älter geworden!» – «Sogar Elise ist jetzt fünf und muss nicht mehr dauernd überwacht werden!» – «Juju und Louis arbeiten wirklich mit!» – «Wenn ich jetzt nicht gehe, fragen sie nie wieder.» – «Juju ist ein regelrechter Hilfsmaler, und die Wäscherei ist nicht mehr die einzige Einkunft.» – «Und außerdem mache ich einen riesen Radau, wenn ich jetzt nicht fahren darf!»

Ungeduldig wartete sie aufs Abendessen. Noch ungeduldiger darauf, dass die Geschwister endlich zu Bett gingen. «Du bist noch so jung», meinte ihre Mutter, als Stephanie den Brief zeigte, und auch ihr Vater hatte anfänglich Bedenken. Dann aber überlegte er es sich anders: «Sie kommt nun eben in dieses Alter», sagte er. «Und ob sie jetzt heiratet oder nach Amerika fährt, was macht das für einen Unterschied?» Sie blickte aufmerksam zwischen ihren Eltern hin und her. «Wir reden noch mal darüber», entschied ihre Mutter schließlich. Und als Stephanie sie weiterhin gespannt anschaute, ergänzte sie: «Ohne dich.»

Anderntags fuhr Jules nach Basel. Statt zur Arbeit ging er zur Behörde, ließ sich Stephanies Papiere aushändigen und unterschrieb die notwendigen Dokumente. Dann ging er an den Aeschenplatz zum Haus der Agentur Kaiser. Letztes Jahr erst hatte er in mannshohen Lettern ‹EMIGRATION› auf die Fassade geschrieben, jetzt betrat er das Geschäft und machte eine Anzahlung für ein Billett.

Als er es am Abend auf den Tisch legte, fiel ihm Stephanie um den Hals. Nachts konnte sie bis zum Morgengrauen nicht schlafen. Euphorie mischte sich mit Aufregung, Verwirrung, Freude und einem Schuss Panik. Sie zitterte. Noch nie war sie weiter als bis nach Basel gekommen. Und jetzt also Ohio.

Es war, als läge ein anderes Licht auf der Landschaft. Stephanie erlebte ihre letzten Wochen in Oberwil intensiv, farbig und surreal. Dass im Juni im übernächsten Dorf eine vom Erbauer des Eiffelturms persönlich konstruierte Brücke unter dem Gewicht eines Zuges kollabierte, nahm sie nur wie eine zusammenhangslos eingestreute Randnotiz zur Kenntnis. Und als für den 1. August erstmals eine ‹Bundesfeier› ausgerufen wurde, vor den Wirtschaften Fahnen aufgehängt, Reden gehalten und patriotische Lieder gesungen wurden und sogar ihr Vater nicht übermäßig beschwipst und in außergewöhnlich harmonischer Stimmung war, da schien es Stephanie, als wolle man sie schon im Voraus rührselig und nostalgisch stimmen und ihr noch eine gehörige Portion Heimweh mit auf den Weg geben.

Ihr schien, als habe die Zeit Schluckauf. Mal stob sie davon wie ein scheu gewordenes Pferd, dann wieder stand sie still wie ein Esel, der nicht vom Fleck wollte. Plötzlich wurde ihr klar, dass sie vielleicht gerade zum letzten Mal auf dem kleinen Acker war, zum letzten Mal an der alten Mühle vorbeikam, zum letzten Mal bei Krämer Düblin Besorgungen machte. Immer mehr Leuten begegnete sie zum letzten Mal. Guten Kundinnen, alten Freundinnen, Pfarrer Hoffmann, Johann, Frau Recher und den verschiedensten Menschen aus dem Dorf.

An einem gewöhnlichen Mittwochnachmittag zogen die Cordeliers ihre Sonntagskleider an, zupften die Stoffe gerade, rückten die Frisuren zurecht und marschierten nach Basel. In der Steinenvorstadt betraten sie ein Geschäft.

‹Leonhard Wiesner› stand in schnörkeligen Kringeln über der Ladentür: ‹Lichtbilder und Photographie›. Ein Assistent nahm die Familie in Empfang, führte sie in einen großen, abgedunkelten Raum und meinte: «Machen sie sich keine Sorgen. Fotografien sind komplett ungefährlich und schmerzlos.»

Auf dem Bild, das Stephanie einige Tage später in den Koffer legte, sah man, wie Wiesner die Familie arrangiert hatte. Wie er Anweisungen gegeben hatte, hier eine Hand auf eine Schulter zu legen und dort etwas lockerer dazustehen. Sie betrachtete die Aufnahme. Im Zentrum saß ihre Mutter, unverrückbar und fest und fixierte den Fotografen. Dahinter stand Papa wie ein Gespenst, mit hängenden Schultern und ausdruckslosem, fast fragendem Blick. Sie selbst wirkte angespannt – sie hatte versucht, möglichst wenig zu atmen. Sie hatte sich in einen modischen Blazer gezwängt, den ihr der Fotograf geliehen hatte, mit Puffärmeln und Korsage. Auch Louis' und Jujus Anzüge waren geliehen, versehen mit Kettchen, die Taschenuhren andeuteten, die sie selbstverständlich nicht hatten. Louis stützte sich auf eine Säule mit einem Löwenkopf, der steinern aussah, aber eine hölzerne Attrappe war. Auch die Balustrade, an die sich Louise lehnte, war eine Fälschung. Stephanie war schon dabei, den Koffer zu schließen, als sie innehielt und unverhofft schmunzeln musste: Die Familie war zwar so gut gekleidet wie noch nie, ihre Schuhe aber waren staubig wie eh und je. Und dann entdeckte sie ein weiteres Detail: ein Blumensträußchen. Marie hatte es unterwegs gepflückt und hielt es auf dem Bild in den Händen. Stephanies Herz wurde schwer. Wie sehr würde sie Marie und die anderen vermissen. Am Abend drückte sie sie alle an sich, tröstete sie und versprach, viel zu schreiben. Dann versuchte sie zu schlafen.

Früh am nächsten Morgen verabschiedete sie sich von ihrer Mutter. Stephanie heulte beim Abschied, Martina weinte danach. Noch bevor die erste Bahn fuhr, machte sie sich in Begleitung Babettes und ihres Vaters auf den Weg in die Stadt. Jules trug ihr den Koffer, Babette redete, um nicht zu weinen. Stephanie war übermüdet und hellwach, aufgeregt und schon nicht mehr ganz da. «Jesses, wir sind zu spät!», rief Babette aus, als sie an einer Turmuhr vorbeikamen. Stephanies Herz machte einen Sprung, aber ihr Vater beruhigte sie: «Der Zug fährt nach Elsässer Zeit.» Als sie zum Bahnhof kamen, stand der Zug schon bereit. Sie unterhielten sich, standen herum und taten, als rücke der Zeiger nicht vor. Stephanie erschrak, als der Schaffner die Leute zum Einsteigen aufrief. Jetzt ging es tatsächlich los. Sie gab Papa einen Kuss, umarmte die heulende Babette und versprach, bald zu schreiben. Dann stieg sie ein, winkte aus dem Fenster, kramte ein Taschentuch hervor und versuchte trotzdem zu lächeln.

*

Auf der Fotografie, die ich 122 Jahre später in meine Tasche steckte, sieht man, wie der Fotograf die Familie arrangiert hat. Man sieht die staubigen Schuhe und das Blumensträußchen der kleinen Marie. Vier Taschen packte ich hastig zusammen, vier ‹Saccochen›, die sich seitlich an meinem Fahrrad befestigen ließen. Mit Campingsachen, Flickzeug und Medikamenten gegen den Wellengang.

Das Studium hatte ich eher nebenbei abgeschlossen, und dementsprechend waren die Noten. Was soll's. Deutlich stärker beschäftigte mich, dass ich mit meinen Recherchen an eine Grenze gestoßen war. Natürlich ließ sich von der

Schweiz aus dies und jenes herausfinden, aber wenn ich Stephanie wirklich auf die Spur kommen wollte, musste ich nach Ohio. Ich musste die Landschaft sehen, musste wissen, wie es dort roch, wie das Licht fiel und was sich vor Ort noch alles erstöbern ließ.

Natürlich hätte ich fliegen können. Zürich-Chicago, acht Stunden. Aber es hätte mir nicht entsprochen. Fliegen geht mir zu schnell, es killt den Planeten und überhaupt: die Ankunft per Schiff in der ‹Neuen Welt›! Dieses Bild, diese Vorstellung, da ist eine solche Kraft drin!

Also habe ich mir eine Überfahrt auf einem Containerschiff organisiert. Das ist einfacher als man denkt, es gibt Reisebüros, die so etwas vermitteln. Drei Tage vor der geplanten Abfahrt klingelte plötzlich mein Telefon. Die Frachtschiff-Agentin: Wo ich denn sei? Das Schiff wäre einige Tage vom Radar verschwunden gewesen, jetzt sei es bereits in Rotterdam und auch dort schon kurz vor dem Ablegen in Richtung Bremerhaven. Ich schnappte meine vier Taschen und pedalte zum Bahnhof.

Am nächsten Morgen erwachte ich kurz vor Bremerhaven. In strömendem Regen fuhr ich hinaus zum Meer. Der Hafen war gigantisch, die Container zahllos und die Dimensionen komplett unwirklich. Die ‹APL Indonesia› lag riesig, schwarz und beladen am Quai. Über eine steile Planke hievte ich mein Fahrrad an Bord. Ein Filipino zeigte mir eine Kammer, in der ich es verstaute, dann brachte er mich zu meiner Kabine. Ich öffnete meine Taschen und suchte nach trockenen Kleidern. Zuoberst lag wieder Stephanies Bild.

Das Rauschen, das Meer, das Licht und die Zeit. Ich saß am Bug der ‹Indonesia›, vor mir glitzerte und kräuselte sich der

Atlantik, hinter mir türmten sich die Container und neben mir saß Wolfgang, der eingenickt war. Es war traumhaft und still. Als wären wir aus der Welt gefallen. Wolfgang war ein Rentner aus dem deutschen Osten, neben mir der einzige Passagier und hochoffiziell verrückt. Er begeisterte sich für Schiffe wie andere für Modelleisenbahnen, Briefmarken, Ornithologie oder Fußball. Im Vorjahr war er mit einem russischen Segler unterwegs gewesen und nun fuhr er also mit der ‹Indonesia› nach New York.

Für einen Verrückten war er ganz angenehm. Fachsimpeln mochte er nicht und Motorenstärke, Kielhöhe oder Registertonnen hätte auch er nicht aufzählen können. Die einzige Zahl, die wir uns merkten, war viertausend: Viertausend Container stapelten sich an Bord. Zwischen diesen erhob sich eine Art Hochhaus mit Kabinen, Aufenthaltsräumen, Küche und zuoberst der Brücke. Dort schauten wir ab und an vorbei, aber eigentlich geschah dort nicht viel. Der Kapitän berechnete den Kurs, tippte etwas in die Geräte, und am Fenster stand Tag und Nacht ein Filipino, der nach Eisbergen Ausschau hielt, die der Radar übersehen hatte.

Ich hatte eine lange Liste mit Regeln erwartet, aber als ich fragte, ob ich irgendetwas nicht dürfe, blickte mich der Kapitän an, als dächte er sich: ‹Wir überleben Windstärke 12. Du, Kleiner, kannst hier gar nichts kaputt machen.› Schließlich sagte er nur: «Wenn du in den Maschinenraum willst, frag zuerst jemanden.» Der Maschinenraum war eine lärmige Halle im Rumpf. Dort arbeiteten Russen, Weißrussen, ein Mexikaner und zwei Koreaner, die zusammen etwa einen Drittel der 20-köpfigen Besatzung ausmachten. Alle anderen waren Filipinos, deren primäre Aufgabe zu sein schien, das Schiff durch ständiges Streichen und Lackieren am Rosten zu hindern.

Es roch nach Salz, nach Öl und nach Metall. Wolfgang und ich verbrachten die meiste Zeit am Bug, hinter uns dieser Berg aus ultramarinen, petrolgrünen und mattroten Kisten, vor uns die Weite des Meers. Ich hätte endlos so dasitzen und hinausschauen können, aber Wolfgang war grässlich gelangweilt. Was er an Literatur dabei hatte, hatte er bald verputzt und so lieh ich ihm einige meiner Texte zu Stephanie.

Gebaut wurde die ‹APL Indonesia› in China, die Maschinen stammten aus England, Frankreich, Deutschland, Japan und Südkorea, ‹APL› stand für American President Lines, eine Firma mit Sitz in Singapur, und wir fuhren unter der Flagge von Antigua und Barbados. Der Kapitän war schnauzbärtig, kahl, deutsch, hinkte und war in Amsterdam mit einer Thai verheiratet. Was in den Containern transportiert wurde, wusste er nicht. Über Gefahrengüter wurde er informiert, alles andere waren einfach Kisten.

Nicht, dass das zu Stephanies Zeit komplett anders gewesen wäre. Schon damals exportierte Argentinien tonnenweise Rindfleisch in alle Welt. Schon damals kam das Garn der Stoffe, die Stephanie wusch, nicht aus dem Toggenburg, sondern von den Baumwollplantagen der Südstaaten, aus Indien oder aus Ägypten. Und schon auf der ‹Westernland›, mit der Stephanie nach New York fuhr, stammte die Mannschaft aus mindestens fünf Nationen. Das Schiff war in England gebaut worden, wurde von einer belgisch-amerikanischen Gesellschaft betrieben, und die Hölzer, die für den Bau verwendet worden waren, stammten aus Europa, Nordamerika, Afrika und Südostasien – und das sind bloß die Angaben, die ich auf die Schnelle gefunden habe. Natürlich sind wir heute auf einem anderen

Level. Aber zu denken, die Welt sei damals noch nicht vernetzt gewesen, wäre naiv.

Auch punkto Migration habe ich deutlich dazugelernt. Ja, es sind Leute aus der Schweiz ausgewandert, weil sie arm waren und Hunger litten. Und ja, manche von ihnen hat man dazu gedrängt, hat ihnen die Überfahrt bezahlt und sie regelrecht abgeschoben. Aber das war Anfang und Mitte des 19. Jahrhunderts. Was Stephanie 1891 gemacht hat, war weder Armuts- noch Hunger-, sondern Wirtschafts- und Abenteuermigration. Ihre Aussichten waren in Amerika besser, sie kam endlich fort von zu Hause und entdeckte eine neue Welt. Ums nackte Überleben hätte sie aber auch daheim nicht kämpfen müssen. Die Industrialisierung lief gerade auf Volldampf und seit 1888 wanderten mehr Leute in die Schweiz ein als aus. Ich muss das wiederholen, weil ich es selbst kaum glauben kann: Stephanie verließ ein Land mit einem Zuwanderungsüberschuss. Um die Jahrhundertwende hatten Städte wie Arbon, Basel oder Bellinzona einen Ausländeranteil von 40 Prozent!

Stephanie konnte kein Englisch, hatte keine Reiseerfahrung und keine Möglichkeit, im Notfall jemanden zu kontaktieren. Vermutlich hatte sie noch nicht einmal auswärts übernachtet. In ihren Memoiren schreibt sie deshalb, sie wäre naiv gewesen, als 19-Jährige alleine loszuziehen – aber mir passt das nicht. Die Wertung, die mitschwingt, ist ungerecht. Und überhaupt: Wie soll man denn bitte ohne Naivität zu einer interessanten Biografie kommen?

Wir waren schon gut vorangekommen, als ich eines Morgens in meiner Kabine die Notizbücher durchblätterte. Die letzten Recherchen vor der Abfahrt waren ins Leere gelaufen oder hatten sich im Kreis bewegt, etwa bei der Freiheitsstatue. Diese wurde fünf Jahre vor Stephanies Ankunft errichtet, und so mutmaßte ich, dass Stephanie sie noch neu und kupferbraun gesehen haben musste. Dann entdeckte ich, dass der Kopf bereits 1878 an der Pariser Weltausstellung zu sehen gewesen war und der Farbwechsel zehn bis zwanzig Jahre dauerte. Also doch grünspanblau? Schwarz-Weiß-Fotos von der Einweihung halfen nicht weiter, doch dann fand ich zwei Gemälde. Nur: Derselbe Künstler hatte die Statue einmal kupferrotbraun und einmal grünspantürkis gemalt. Das richtige Wort für die Farbe, die Stephanie sah, ist daher wohl ‹undefinierbar› oder ‹dazwischen›.

Ich blätterte weiter: Nach der Freiheitsstatue musste Stephanie in Castle Garden gelandet sein, an der Südspitze Manhattans, wo ein altes Fort stand, das zur Auffangstation für Immigranten umgebaut worden war. Eine riesige, lärmige Halle. Im Jiddischen, hatte ich mir notiert, bedeutet ein ‹Kesselgarten› eine unübersichtliche, laute, chaotische Situation (wie in ‹Castle Garden›). Und apropos Jiddisch: Unter Stephanies Mitreisenden dürften relativ viele Juden gewesen sein. Ihnen wurde 1881 der Mord an Zar Alexander II. angehängt. Anfeindungen und Pogrome in Russland, aber auch in Polen und Deutschland verstärkten anschließend deren Emigration.

Ich klappte das Buch zu und legte es zu den anderen. Notizen türmten sich auf Notizen, und in ihnen stapelten sich die Fragen. Wo genau hatte Tante Thereses Farm gestanden? Wo Doktor Berchtolds Praxis? Wie hatte Defiance zu Stephanies Zeit ausgesehen und was würde ich heute wohl noch alles entdecken? Ich war völlig vertieft in meine Gedanken, als die ‹Westernland› – pardon, als die ‹Indonesia› zu schwanken begann. Zunächst machte es mir wenig aus, aber dann wurde mir flau. Ich ging an die frische Luft, begab mich zur Reling und atmete durch. Es half nichts, im Gegenteil: Nur mit Mühe hielt ich meine Innereien im Zaum. ‹Womöglich ist es am Bug besser›, dachte ich mir und torkelte den Containern entlang nach vorn. Dort traf ich Wolfgang, der völlig euphorisch war, jede Welle genoss und jubelte: «Endlich passiert hier mal was!»

Ich schwankte zurück auf mein Zimmer, warf eine Anti-Wellengang-Tablette ein, legte mich ins Bett und ließ den Sturm über mich ergehen. Das Mittagessen fand ohne mich statt, und als ich abends wieder am Tisch saß, schmunzelte mir Wolfgang nur aufmunternd zu und schob mir eine extra große Schüssel rüber.

Der Sturm hatte sich verzogen, nicht aber der Nebel, und aus diesem schälten sich am nächsten Morgen Umrisse, Häuser, Brooklyn heraus. Kurz darauf waren überall Schiffe, überall Häuser und die Freiheitsstatue nur ein recht kleines Detail. Ich stand draußen an Deck und konnte mich kaum sattsehen. Es war völlig banal und rundweg fantastisch: Nach elf Tagen auf See stießen wir auf die Neue Welt.

Schleppschiffe lotsten uns an Manhattan vorbei zum Frachtterminal von Newark. Dort kamen zwei bewaffnete Uniformierte an Bord, über die sich Wolfgang fürchterlich echauffierte, weil ihn ihr Auftreten an die Stasi erinnerte. Ich selbst nahm es gelassener. Wir wurden einzeln zum Gespräch gebeten, und so sollte ich erklären, was ich in Amerika wollte und wie ich die Reise finanzierte. «Müssen wir denn wirklich schon wieder über Geld reden? Ich habe meine Finanzen doch schon auf der Botschaft offengelegt.» – «Ich will einfach nicht, dass du am Ende auf der Straße stehst und Hotdogs verkaufst», rechtfertigte sich der beleibte Beamte. «Wollen Sie mir erzählen, dass Sie keine Hotdogs mögen?», fragte ich schelmisch. Der Dicke lachte, die Formalitäten waren bald erledigt, und wir konnten endlich an Land.

Ein Seemannstaxi brachte uns vom Hafen zum Bahnhof von Newark. Unter einer Eisenbahnbrücke, umgeben von Obdachlosen und Unrat, verabschiedete ich mich von Wolfgang. «Pass auf dich auf», sagte er, dann schwang ich mich aufs Rad. Nach 50 Metern schaute ich auf den Kompass, drehte um und fuhr von da an westwärts. Es begann, leise zu regnen.

Übers Meer

Der Raum ist eine Überforderung der Sinne, eine kreisrunde Halle, in der sich Tausende Menschen drängen. Heute früh erst ist Stephanie angekommen; es scheint unendlich lange her. Es ist Abend geworden, und noch immer werden Hunderte Stimmen als dröhnendes Gemurmel von den Wänden zurückgeworfen. Sie ist auf eine Bank gesunken, um sie herum stehen und sitzen Männer. Schlecht gekleidet, stoppelbärtig, stinkend. Stephanie hat eine Hand auf dem Koffer und achtet auf die Distanzen.

Den ganzen Tag hat sie hier zugebracht, oszillierte zwischen Aufregung und Erschöpfung. Jetzt ist sie abgekämpft, ihr Kopf hämmert, und Durst hat sie auch. Draußen bricht langsam die Nacht herein, drinnen sind Gaslampen entzündet worden, die ein flackerndes Licht werfen. Vertrauenswürdiger wirken die Männer dadurch nicht. Was, wenn nie jemand kommt?

Dort wacht eine Frau neben schlafenden Kindern. Da gestikulieren zwei Männer im Streit. Weiter hinten sitzen ein paar Alte und blicken ausdruckslos vor sich hin. War das eine Ratte, die dort gerade im Schatten verschwunden ist? Die Gelenke schmerzen vom Nichtstun. Stephanie streckt ihre Beine. Wo ihre Reisegefährten inzwischen wohl sind? Sie schaut sich die Männer an: Der hier hat eine Narbe im Gesicht, dem dort fehlt das linke Ohr, und jene drei unterhalten sich in einer kratzenden Sprache. Einer blickt zu ihr herüber, sie schaut schnell zur Seite. Dann endlich kommt ein rothaariger Uniformierter und winkt die Gruppe zu sich: «Mitkommen!»

Als Stephanie am späten Abend des 11. September 1891 in Antwerpen ankam, war sie erstmals mehr als 30 Kilometer gereist, in einem richtigen Zug und über 40 Stundenkilometer schnell gefahren, in Metz und Straßburg umgestiegen und einen kompletten Tag nur herumgesessen. Sie hatte Flämisch, Niederländisch, Französisch und verschiedenste Variationen von Deutsch gehört, hatte unzählige Hügel und, noch beeindruckender, komplett flaches Land gesehen. Außerdem hatte sie erste Bekanntschaften geschlossen. In Basel hatte sich ein Mann mit einem breiten, fremdländisch aussehenden Hut zu ihr gesetzt und sich als Jacob Flury vorgestellt. Mister Flury lebte schon seit zwanzig Jahren in den USA, führte eine große Farm in Kentucky und hatte den Sommer über in der Schweiz Geschäfte getätigt und Verwandte besucht. In Colmar gesellte sich ein junges Paar hinzu, Marie und Theodor Bichsel. Beide waren kaum älter als Stephanie, genauso aufgeregt wie sie selbst und ebenfalls auf dem Weg nach Amerika, wo sie sich in Baltimore eine Existenz als Schuhmacher aufbauen wollten.

Quietschend kam der Zug zum Stillstand. Stephanie streckte sich und kletterte aus dem Waggon. Ein Mitarbeiter der Auswanderer-Agentur – die Reisenden sprachen von ‹Agenten› – brachte die Gruppe zu einem Hotel. Dort wartete ein weiteres Novum auf Stephanie: ein eigenes Zimmer. Komplett gerädert fiel sie ins Bett und schlief sofort ein. Eine gute Stunde später wachte sie auf, drehte sich um, wälzte sich, dämmerte endlich weg und wurde von einer Turmuhr wieder aus dem Schlaf gerissen. Sie lag einige Zeit wach, schwankte zwischen Schlaf und Halbschlaf, bis sie am frühen Morgen irgendwann wirklich wegdämmerte. Gegen sechs Uhr früh hämmerte der Agent gegen die Tür, zehn Minuten später stand Stephanie vor dem Hotel. Dort bildete sich eine Menschenmenge, die wenig später zum Hafen zog. Stephanie hielt sich dicht bei Theo und Marie, weiter vorne hüpfte Mister Flurys eigenartiger Hut. Die Auswanderer wogten durch die Gassen: etwa siebzig Personen, schlaftrunken und aufgeregt, und niemand hatte eine Hand frei. Sie kamen an langgezogenen Lagerhäusern vorbei und wenig später waren sie am Hafen.

Am Quai drängten sich bereits Hunderte Menschen mit Zweihunderten Kisten, Koffern und Körben. Manche Gruppen mühten sich, näher zum Schiff zu kommen. Andere hatten sich auf den Boden gesetzt und warteten. Stephanie wusste nicht, was sie beeindruckender finden sollte, die Menschenmasse oder das Schiff. Die ‹Westernland› war ein eleganter Klotz, ein Riese aus Tuch, Holz und schwarzem Stahl. Vier Masten ragten in den Himmel, daran ein Gewirr von Tauen und gerefften Segeln. Lange Reihen kleiner Fenster deuteten auf die billigen Schlafräume des Zwischendecks, darüber ließ ein zweistöckiger Aufbau die Kabinen der privilegierteren Passagiere erahnen. Über diesen, erklärte Mister Flury, lag die Brücke und nochmals darüber standen zwei mächtige, schon leicht rauchende Schornsteine. Steile Rampen führten an Deck. Hafenarbeiter und Matrosen waren dabei, kleine Fässer mit Wasser und große mit Wein an Bord zu hieven. Mehlsäcke und Kisten voll Kartoffeln und Gemüse wurden an Bord gebracht, aber auch Hühner, Schweine und sogar Kühe. Flury las in Stephanies überraschtem Gesicht: «Na, was denken Sie denn, Fräulein Stephanie, wo die Milch für Kaffee und Kakao herkommt? In der ersten Klasse gehören solche Getränke zum guten Ton!» Sie nickte, aber ihr Gesichtsausdruck blieb. Das Unfassbarste schien ihr die schiere Dimension des Schiffs. Das größte Bauwerk, das sie bis dahin gesehen hatte, war das Basler Münster gewesen. Die ‹Westernland› war zwar nur halb so breit, dafür aber doppelt so lang wie die Kirche, und die filigranen Masten ragten beinahe so hoch auf wie die Münstertürme. Und dieser Koloss konnte tatsächlich schwimmen?

Der Agent führte die Gruppe zu einem Platz am Rand und wies sie an, zusammenzubleiben und zu warten. Stephanie sah sich um: ein Gewirr von Gesichtern, Stoffen, Koffern, Formen. Seltsame Gerüche lagen in der Luft. Ihr geübter Blick für Textilien fiel auf exotisch gedrehte Hüte, eigenartige Trachten und notdürftig zurechtgeflickte Lumpen – und das alles oft an ein und derselben Person. Stephanie setzte sich und schloss die Augen. Aber anstatt dass sie sich von den Eindrücken erholen konnte, schienen nun die Geräusche noch lauter zu werden. Überall wurde diskutiert, gelärmt und gerufen, Kinder schrien oder weinten, alte Leute husteten, Kofferdeckel wurden geknallt und über allem schwebte ein Nebel aus fremdländischen Sätzen, Silben und Fragmenten. Für einen Moment legte sie ihren Kopf zwischen die Knie, drückte die Hände auf die Ohren und versuchte durchzuatmen. Dann erst tauchte sie wieder auf.

Mister Flury erklärte die Szenerie. Er zeigte, welches die Polen waren und woran man Sachsen und Tschechen erkannte. Und er zählte auf, was alles an Bord musste. In einigen Stunden, meinte er, müsste das Schiff soweit sein, dass sie einsteigen könnten. Zunächst aber kam der Agent nochmals vorbei und nahm die Personalien auf. Name, Geburtsdatum, Beruf. Als er Stephanie befragte, mischte sich Flury ein und sagte, sie sei Schneiderin. ‹Dress Maker› solle der Herr bitte aufschreiben. Der Agent notierte es und wandte sich der nächsten Gruppe zu. Stephanie war erst verdutzt und hinterher empört, dass Flury für sie geschwindelt hatte, der aber meinte nur, es könne nicht schaden, sich für Amerika ein bisschen interessanter zu machen. Und von Kleidern habe sie ja tatsächlich eine Ahnung.

Eine Unruhe erfasste die Menge. Der Lärmpegel schwoll an, Stephanie erhob sich, um zu sehen, was los war. Ganz vorne wurden die ersten Leute an Bord gelassen. Es dauerte eine lange, aufgeregte Stunde, bis ihre eigene Gruppe an der Reihe war. Die Koje, in die Stephanie gewiesen wurde, war ein dunkler Raum mit einem runden Fenster. Auf schmalen, übereinander geschichteten Pritschen lagen Strohsäcke; zwanzig Frauen teilten sich den Raum. Stephanie verstaute ihren Koffer und setzte sich auf ihre Pritsche. Sie war unglaublich müde. Still aber heftig ärgerte sie sich über zwei schnatternde Weiber, die in einem nervtötenden Dialekt irgendetwas Wichtiges zu besprechen hatten. Sie hatte Kopfschmerzen. Weil sie nicht wusste, was sie nun tun sollte, blieb sie zunächst einfach sitzen. Dann legte sie sich hin und versuchte, sich auszuruhen, was ihr nicht gelang. Wie sicher war ihr Gepäck? Wo hatte sie noch ihr Billett hingetan? Immerhin war Marie nur zwei Kammern weiter eingeteilt worden.

Gegen Mittag wurde das Stampfen aus dem Maschinenraum lauter. Dann brach Aufregung aus: Das Schiff legte ab. Jedermann stürzte zu einem Fenster oder an Deck, viele Leute schwenkten Tücher oder riefen allerletzte Grüße. Stephanie spähte herum und war enttäuscht. Sie hatte sich die Abfahrt irgendwie bedeutsamer vorgestellt. Sie verlief sich zweimal, dann fand sie den Weg zurück in die Koje, legte sich auf ihren Strohsack und schlief ein.

Als sie erwachte, war die ‹Westernland› bereits mitten auf dem Meer. Stephanie blickte aus dem Fenster und sah keinen Horizont. Das heißt: Natürlich war da ein Horizont, aber er bestand aus Wasser. Eine Linie, die zugleich gerade und etwas gekrümmt schien. Plötzlich war sie hellwach. Sie stieg die Treppen hoch, gelangte an Deck, sah wieder dieselbe Linie und eilte zur anderen Seite. Auch hier war kein Land zu sehen. Überall Wasser – nur Wasser. Sie blieb stehen und schaute. Dann ging sie wieder zur ersten Seite, um sich sicher zu sein, dass sie sich nicht getäuscht hatte.

Ziemlich aufgekratzt traf sie wenig später auf Marie, die sich gerade mit einer anderen Frau unterhielt, die ebenfalls eine Variante von Deutsch sprach. Was Stephanie denn habe, wollte Marie wissen.

«Hast du schon nach draußen gesehen?», antwortete Stephanie. «Überall ist nur Wasser!»

Marie lachte: «Mir ist es genauso ergangen. Willst du dich zu uns setzen?»

Die Frauen machten sich miteinander bekannt, redeten über das Meer, ihre Pläne und darüber, wie sie sich Amerika vorstellten. Etwas später schleppten einige Matrosen große Töpfe herbei und gaben Brot und eine dünne Suppe zum Abendessen aus.

In den nächsten Tagen entwickelten die Reisenden Abläufe, Routinen, eine neue Form von Alltag. Die Maschinen wummerten einen sonoren Takt, die Matrosen richteten die Segel nach dem Wind, und die ‹Westernland› schaukelte westwärts. Das Meer war ruhig und das Wetter gut. Stephanie blieb zunächst in der Nähe ihrer Koje und drehte dann mit Theo und Marie immer größere Runden durchs Zwischendeck. Auf mehreren Etagen war hier Koje an Koje gereiht, waren – einigermaßen sortiert nach Sprache und Geschlecht – etwa 1200 Personen untergebracht. Hier spielten einige Belgier Karten, da tranken ein paar Dänen Kartoffelschnaps, dort gab eine russische Mutter ihren Kindern den Tarif durch.

«Es ist, als wollten die Tage hier gar nicht vergehen», bemerkte Stephanie am dritten Nachmittag, worauf Mister Flury bestätigte, dass diese nun wirklich länger als 24 Stunden dauerten. Die nächsten zwanzig Minuten verbrachte er mit dem Versuch, ihr und den umstehenden Passagieren zu erklären, weshalb sich die Zeit in die Länge zog. Erst als ein Matrose hinzutrat und bestätigte, dass die Uhren in den oberen Klassen wirklich jeden Tag neu gestellt wurden, akzeptierten die Auswanderer, dass sich die Tage verlängert hatten – und beruhigten sich erst, nachdem Flury und der Matrose übereinstimmend versichert hatten, dass die Zeit in Amerika wieder so funktionieren würde wie daheim.

Überhaupt wurde viel geredet und diskutiert. Über Amerika, über die Fahrt, über Politisches, Technisches, Weltanschauliches, Zwischenmenschliches, über Rezepte oder das Wetter auf See. Stephanie und Marie besprachen die eigenartigsten Dinge mit den eigenartigsten Menschen. Oft setzte sich Stephanie auch nur irgendwo dazu und hörte zu. Das Zwischendeck der ‹Westernland› war ein Schüttelbecher der Gesellschaft. Menschen aus allen Lebensläufen und Berufen, mit unterschiedlichsten Sprachen und Religionen waren zusammengepackt und hatten tagelang nichts anderes zu tun, als miteinander zu sprechen, sich anzufreunden oder in die Haare zu geraten, Bücher auszutauschen und mit Leuten, die sie nicht verstanden, einfache Spiele zu organisieren. Kartenspiele waren da gefährlich: Über die Regeln war man sich nie eins und trotz offiziellem Verbot wurde da und dort um Geld gespielt, was den Ton schnell vergiftete. Stephanie, Theo und Marie beteiligten sich lieber an unverfänglicheren Dingen wie Sackhüpfen oder Ringe-Werfen, die für rote Gesichter und sprachübergreifende Heiterkeit sorgten.

«Seltsam», meinte Marie eines Abends, «wir fahren nach Amerika, aber mit all diesen Leuten kommt mir die Reise dorthin vor wie eine große Europa-Revue.»

Zwischendurch wurden einige Brocken Englisch ausgetauscht, wobei niemand so recht wusste, wie die Sprache tatsächlich klang. Stephanie hielt sich diesbezüglich an Mister Flury, der ihr auch sonst einige Tipps zum Leben in der ‹Neuen Welt› gab. Gerade in den Städten solle sie nur Polizisten vertrauen und überhaupt solle sie vorsichtig sein. Sie las viel, verbrachte Zeit mit Marie oder dachte an Petr. Petr war ein massiger Typ mit fröhlichem Blick und blonden Haaren, mit dem sie sich nicht einmal ansatzweise unterhalten konnte. Aber wenn es darum ging, zwischen zwei Leuten eine Verbindung herzustellen, standen Worte oft sowieso nur blöd im Weg herum. Stephanie und Petr waren sich sympathisch, und dass Petr auf Stephanies ‹Ohio› mit einem ‹Minnesota› antwortete, tat dem keinen Abbruch. Im Gegenteil, dass alles komplett unmöglich und aussichtslos war, war das Beste an der Geschichte. Außerdem: Was gab es in dieser aufregenden und zugleich komplett langweiligen Situation besseres, als sich zu verschwärmen? Marie teilte Stephanies Begeisterung nicht vorbehaltlos, doch auch sie war froh um Klatsch und Unterhaltung und freute sich über Stephanies Aufregung und Verwirrung.

Unter den Passagieren kursierten brisante Geschichten: «Jemand hat mir erzählt, dass im Hafen von New York eine große Statue steht», berichtete Theo, «aus Marmor wie im alten Griechenland! Die Häuser sehen aus wie aufgereihte Kirchtürme, und sechsspännige Kutschen sind das Normalste der Welt.» Mal wurde angeblich etwas gestohlen, mal gab es irgendwo eine Rauferei, mal hieß es, bei den Bulgaren wäre Typhus ausgebrochen.

Die ‹Westernland› trieb voran. An Sonntagen feierten die Reisenden allerhand Messen, improvisiert und mit einer Tendenz zur Überlänge, weil keine Gruppe als Erste fertig sein wollte. Manche Tage verliefen im Nebel, zuweilen regnete es, aber im Allgemeinen war das Wetter ganz gut. Am fünften Tag wurde der Wellengang schwerer, die Mannschaft wies die Passagiere an, das Gepäck festzubinden und sich auf ihre Pritschen zu legen. Aber der Sturm legte sich, bevor er richtig begonnen hatte. Manchmal brach Aufregung aus, weil Delfine, Meerjungfrauen oder Wale zu sehen waren, aber Stephanie musste über eine Woche warten, bevor sie andere Tiere zu sehen bekam als die drei Dutzend Möwen, die das Schiff begleiteten und sich von Küchenresten und kleinen Fischen ernährten.

Die Reise dauerte. Die Leute wurden unruhig; wer konnte, tauschte Bücher aus, aber die Stimmung sank. Stephanie hätte gerne mal wieder etwas Zeit für sich allein gehabt, die Kleider gewechselt und sich richtig gewaschen, aber wie alle anderen verbrachte auch sie Tag und Nacht in derselben Montur. Je länger die Fahrt dauerte, desto eintöniger wurde das Essen, und richtig unangenehm war die nächtliche Kälte. Permanent kroch sie durch die Ritzen der Schlafräume. Mister Flury meinte denn auch, nicht Typhus oder Skorbut seien die größten Gefahren, sondern Grippe und Feuer. Deshalb wurden schon bei mittlerem Wellengang die Öllampen gelöscht, und als eine Frau in Stephanies Koje eines Morgens nicht aufstehen mochte, wurde sie von den Matrosen sofort ganz hinten im Schiff in Quarantäne geschickt.

Hätte Stephanie Zugang zur ersten Klasse gehabt, wäre es immer schön warm gewesen. «Die Kabinen dort sind aus Teak und Satinholz, und im großen Salon fällt das Licht durch farbige Fenster», erzählte ihr ein Matrose, «und nachts wird er elektrisch beleuchtet.» Sie war sich nicht sicher, ob das stimmte oder ob der Mann nur einen Scherz mit ihr trieb. Von den Hölzern hatte sie noch nie gehört und unter ‹elektrischem Licht› konnte sie sich auch nichts vorstellen. An der Welt der Reichen lebte Stephanie ebenso vorbei wie an der pechschwarzen, glühenden Welt der Heizer im Maschinenraum oder an jener der Navigatoren, die auf der Kommandobrücke mit spitzen Bleistiften, Karten und Sextanten den kürzesten Weg in den Westen suchten.

Irgendwann war die Hälfte der Reise vorbei, wenig später drei Viertel. Stephanie sah Petr immer wieder, aber die Geschichte bekam einen jähen Knick, als der sie zu küssen versuchte. Erschrocken stieß sie ihn weg, er suchte mit verwirrtem Blick das Weite; sie blieb zurück und fühlte sich elend. Sie hielt Ausschau nach Marie und fand sie nach einer Ewigkeit. Diese redete ihr gut zu, streichelte ihre Schultern und fragte sie, was sie denn erwartet habe. Sie solle sich keinen Kopf machen, sagte Marie, worauf Stephanie meinte, ihr Kopf mache sich dummerweise von allein. Marie lachte und nahm sie mit zu einem Kegelspiel auf einem Flur, wo junge Leute mit übertriebener Dramatik und viel Gelächter versuchten, eine Kugel so zu werfen, dass sie trotz Wellengang die improvisierten Kegel traf.

Stephanie verbrachte die nächsten Tage mit Marie und Theo, und ab und zu lief ihr auch Mister Flury wieder über den Weg. Einmal entdeckte sie ihn, wie er sich heimlich eine Pfeife anzündete, was eigentlich verboten war. Aber Flury zwinkerte ihr zu, legte den Finger auf den Mund und fragte, ob sie einmal probieren wolle. Entrüstet lehnte Stephanie ab. «Ich bin zwar nur ein einfaches, aber ein ehrbares Fräulein», ließ sie ihn wissen, worauf er lachend entgegnete, dass in Amerika nicht nur gefallene Mädchen rauchten, sondern auch einige Damen von allerhöchstem Rang – er könne ihnen den Genuss gewiss nicht verübeln.

«Das mag sein», erwiderte Stephanie, «aber nur vornehme Damen können es sich leisten, für etwas frivol gehalten zu werden, und ich bin weder das eine noch das andere.» Eine junge Frau wie sie, ließ sie ihn wissen, habe nicht viel mehr als ihren guten Ruf, und den möchte sie nach Möglichkeit noch eine Weile behalten. Flury schmunzelte amüsiert, musste ihr aber Recht geben und blickte für einige nachdenklich gepaffte Züge an ihr vorbei übers Meer.

Die Tage verstrichen, und am frühen Morgen des 23. Septembers kam Unruhe auf. Bald war überall zu hören, man komme heute an. Marie und Theo packten hastig ihre Sachen, und Mister Flury stand schon in einer Gruppe von Menschen an Deck, als Stephanie hinzukam und zwischen den Köpfen der Leute Land zu erspähen suchte. Manchmal rief jemand etwas, aber dann war's nichts. Und dann eben doch: Stephanie erkannte erste Umrisse, erste Häuser, bald darauf ein paar Bäume und dann mehr, als sie fassen konnte. Große und immer noch größere Gebäude, sicher zehn Stockwerke hoch! Die ‹Westernland› glitt im Morgenlicht an Brooklyn vorbei in die Bucht. Die Segel wurden gerefft, und bald darauf schwenkte das Schiff nach rechts in Richtung Hudson River. Sie eilte in ihre Koje, packte sich ihren Koffer, schlug drei hastige Kreuze, eilte zurück an Deck und erkannte auf der linken Seite tatsächlich eine riesige Statue mit einer Fackel in der einen und einem Buch in der anderen Hand. Tagelang war nichts zu sehen gewesen außer Wasser, nun war das Meer voller Schiffe und das Land voller Häuser. Die ‹Westernland› hielt auf die Südspitze Manhattans zu, die Häuser schienen noch zu wachsen, der Hafen kam näher, das Schiff schwenkte ein, wurde langsamer und hielt an. Berührte die Kaimauer der ‹Neuen Welt›. Die Passagiere fielen sich jubelnd um die Hälse.

Es war eine seltsame Stimmung. Wie Hektik im Treibsand. In Castle Garden waren Tausende Leute in einer riesigen runden Halle versammelt, waren glücklich, angekommen zu sein, begierig darauf, das Land zu entdecken und ihr Glück zu suchen ... und mussten warten.

Minuten dehnten sich zu Stunden, und Stunden in die Ewigkeit. Stephanie hatte Kopfschmerzen vom Chaos und Lärm. Wenigstens gab es einige Marktstände, und so kaufte sie sich ein Brot, eine Wurst und ein paar krumme, gelbe Früchte, die ihr Mister Flury empfohlen hatte. Er selbst hatte die Halle gar nicht erst betreten – Rückkehrer hatten es deutlich leichter, insbesondere wenn sie schon lange hier lebten und über einen amerikanischen Pass verfügten. Stephanie kostete die Bananen. Sie waren süß, klebrig und eigenartig weich. Ob sie wohl vor dem Verkauf gekocht wurden? Sie bot Marie und Theo von den Früchten an. Beide blickten gelangweilt herum. Nichts geschah. Die Zeit verfloss wie Eis in einer Winternacht. Nach einer Weile kam ein Mann in einer Uniform vorbei, stellte auf Deutsch ein paar Fragen zu Herkunft, Beruf, Vermögen, Reiseziel und dem allgemeinen Gesundheitszustand, machte sich Notizen und schickte die drei auf die andere Seite der Halle. Am Nachmittag tauchte ein Agent auf, ließ sich die Tickets zeigen und schickte Marie, Theo und Stephanie zu einem der

Ausgänge. Stephanie ging erst mit, war dann aber irritiert, weil Marie und Theo ja nach Baltimore reisen wollten. Sie hastete zurück, zeigte ihr Ticket erneut und wurde wieder zurück an ihren alten Warteplatz geschickt. Sie drehte sich um, winkte und wollte ihren Reisegefährten etwas hinterher rufen, aber das Gewirr hatte die beiden bereits verschluckt.

Es wurde Abend, und der Kessel leerte sich. An ihrem Warteplatz war Stephanie alleine mit acht wenig vertrauenerweckenden Männern. Einige unterhielten sich in fremden Sprachen, andere starrten stumm vor sich hin, was auch nicht besser war. Dann und wann musterte sie einer. Endlich kam ein weiterer Agent, ein gedrungener, rothaariger Kerl in Uniform und führte die Gruppe nach draußen.

New York erschien ihr wie ein Fiebertraum. Rundherum standen riesige Häuser, dazwischen Straßenschluchten, kaum beleuchtet und schmutzig. Der Agent bot an, Stephanies Koffer zu tragen, aber die gab ihn lieber nicht aus der Hand. Die Gruppe hastete durch nächtliche Straßen und über Trottoirs, vieles halbfertig oder verfallen. Die Wege waren mit Brettern ausgelegt, von denen dann und wann eines fehlte, sodass Stephanie halb strauchelte, halb fiel, von einem der Männer gepackt und aufgerichtet wurde, ihn abschüttelte und weiterhastete, stets den Kopf des Agenten fixierend, den sie auf keinen Fall aus den Augen verlieren wollte. Mehrmals stolperte sie in der Dunkelheit, mal hielt sie sich dicht am Agenten, mal verlor sie beinahe den Anschluss. Irgendwann erreichte die Gruppe eine Straßenbahn, ratterte über die High Line in Richtung Norden und stolperte westwärts weiter zum Hudson. Dort bestiegen sie ein Schiff, und Stephanie konnte durchatmen. Dann schickte sie ein Steward in den Ladys-Bereich, und sie verlor ihre

Gruppe aus den Augen. Das Schiff legte an, die Massen strömten von Deck, verschwanden in den Straßen und sie war allein. Sie hatte keine Ahnung, wo sie war, und was noch schlimmer war: Sie hatte keine Ahnung, wo sie hinsollte. Sie hielt sich an die größeren Straßen, tastete sich Block für Block voran, prüfte immer wieder, ob ihr jemand folgte, und fand schließlich einen Polizisten. Diesem zeigte sie ihr Ticket nach Defiance. Er erklärte etwas auf Englisch und wies sie in eine Richtung. Einige Blöcke weiter fand sie einen weiteren Polizisten, dann einen nächsten, bis sie zu einem kleinen Bahnhof kam. Dort setzte sie sich in den Warteraum. Minuten später kam der Agent mit den Männern, gestikulierte und zeigte auf sie. Er schien aufgebracht, aber auch erleichtert. Schließlich brachte er zuerst drei der Männer zu einem Zug, dann einen weiteren zu einem anderen, dann kam wieder ein Zug angeschnauft, und der Agent hieß Stephanie einsteigen. Mitternacht war inzwischen vorbei. Der Zug pfiff und rollte los.

Sie schlief nicht. Sie saß in ihrem Abteil und blickte in die Nacht, schemenhafte Hügel zogen an ihr vorbei. Sie hatte keine Ahnung, wie lange es dauern würde, bis sie in Defiance ankam, also zwang sie sich, wach zu bleiben. Bei jedem Halt blickte sie besorgt nach draußen und jedem Kontrolleur, der vorbeikam, zeigte sie ihr Ticket, um sicherzugehen, dass sie Defiance noch nicht verpasst hatte. Der Morgen brach an, und die Landschaft flachte langsam aus. Gegen Mittag stieg ein junger Deutscher zu und setzte sich ihr gegenüber. Er sprach sie an und erklärte ihr, dass ihr Ziel noch in weiter Ferne lag.

Der Zug hielt an unzähligen Stationen. Bahnwärter füllten Wasser nach, Heizer luden Kohle, Reisende stiegen zu und aus. Die Sonne brannte, im Zug wurde es grässlich heiß, und Stephanie verwünschte sich für ihre viel zu warme Kleidung. Immerhin kühlte der durchs Fenster strömende Luftzug ein wenig. Sie schaute gespannt hinaus. Alles war neu, und auch das Gewöhnlichste verströmte eine aufregende Faszination. Felder, Äcker, Pferdefuhrwerke und Leute bei der Ernte. Kleinere Dörfer, etwas größere Städte und: Obstbäume! An einer Station stieg einer der Kontrolleure aus, schlenderte zu einem Apfelbaum neben den Gleisen, hob einige Früchte vom Boden auf und warf sie Stephanie zu. Sie freute sich über die Aufmerksamkeit und staunte. Was musste das für ein reiches Land sein, wo man reife Äpfel einfach so von den Bäumen fallen und herumliegen ließ?

Am Abend verabschiedete sich der Deutsche, es wurde Nacht und um ein Uhr früh erreichte der Zug den Westen Ohios. Defiance. Stephanie stieg aus und sah sich um. Ein hölzerner Schuppen mit einem Schild diente als Stationsgebäude. Sie setzte sich in den Warteraum und blickte über zwei Gleispaare und ein Lagerhaus. Das war der ganze Bahnhof. Sie überlegte noch, was sie nun tun sollte, als vier junge Männer und Frauen den Warteraum betraten. Sie sprachen Deutsch und erklärten, dass sie auf eine Cousine warteten, die mit dem nächsten Zug ankommen sollte. Stephanie erzählte, dass sie eigentlich zu ihrer Tante auf dem Land wollte. «In der Stadt weiß ich aber die Adresse eines weiteren Verwandten.» Sie kramte einen Zettel hervor und las «Daniel Leithäuser, Barbier», und dann unsicher: «1430 East Waterfront Street.» Die jungen Leute kannten den Mann. Der Zug mit der Cousine kam wenig später an, und die Gruppe machte einen kleinen Umweg, um Stephanie an ihr Ziel zu bringen. Morgens um zwei klopften sie die alte Frau Leithäuser heraus. Auf einen Gehstock gestützt führte sie Stephanie in ein Schlafzimmer, wo diese aufs Bett fiel, sofort einschlief – und wieder geweckt wurde. Ihr war als sei sie kaum eingenickt, als Frau Leithäuser um sechs Uhr früh gegen die Tür schlug und erklärte, es sei Zeit, aufzustehen und Gott zu danken, dass sie die Reise gut überstanden habe. Also saß Stephanie wenig später in der Kirche, dankte Gott und bat ihn um etwas Ruhe. Dann döste sie mitten in der Frühmesse ein.

Sie verbrachte den Tag bei dem alten Ehepaar, schlief, wusch sich und schlüpfte endlich in frische Kleider. Am Abend des nächsten Tages kam Peter Leithäuser angefahren, Tante Thereses Mann. Der Bauer mit den kräftigen Händen, der sonnengegerbten Haut und dem Backenbart begrüßte Stephanie freudig und hievte ihren Koffer auf die Ladefläche seines Fuhrwerks. Auf ein «kk-kk» setzte sich das Pferd in Bewegung. Es dämmerte bereits, als sie die Stadt verließen. Stephanie fröstelte, und auf den Feldern waren schemenhafte Schatten auszumachen. Sie fürchtete bereits, es könnte sich um wegelagernde Räuber handeln, als einer der Schatten nahe am Fuhrwerk auftauchte und sie sah, dass es bloß Kühe waren. Kühe, um diese Uhrzeit. Zu Hause wären sie längst gemolken und im Stall gewesen!

Nach einer guten Stunde Fahrt erreichten sie die Farm. Onkel Peter sprang vom Bock und führte Stephanie an einer riesigen, rotgestrichenen Scheune vorbei ins Haus. Dort war Tante Therese gerade mit dem Abwasch beschäftigt. Sie trocknete sich die Hände an ihrer Schürze ab, schloss ihre Nichte in die Arme und küsste sie auf die Wangen. Dann stellte sie eine Pfanne mit Resten vom Abendessen auf den Herd, tauchte ihre Hände wieder ins Waschbecken, und Stephanie griff sich ein Tuch. Das Geschirr nahm kein Ende: Therese hatte neun Kinder, dazu Mägde, Knechte und außerdem tausend Fragen. Stephanie berichtete ihr beim Abtrocknen von der Reise und von ihrer Familie, und als der Abwasch gemacht und das Essen warm war, kam Onkel Peter herein und die drei setzten sich an den Tisch. Während Stephanie und ihr Onkel das Abendessen verzehrten, erzählte die Tante von ihrer eigenen Auswanderung, von der Farm und davon, wen Stephanie am nächsten Morgen alles beim Frühstück antreffen würde. Die drei unterhielten sich lange und erst, als sie merkte, dass Stephanie ein Gähnen unterdrückte, stand die Tante auf und fand, sie hätten morgen noch Zeit, sich weiter zu unterhalten. Therese räumte das Geschirr beiseite, und Onkel Peter brachte Stephanie zu ihrem Zimmer.

Sie hatte sich bereits von ihrem Onkel verabschiedet, als sie nochmals auf den Flur trat und zu dem Schreibtisch ging, den sie dort im Vorübergehen gesehen hatte. Sie stellte ihre Öllampe aufs Fensterbrett und betrachtete das Tischlein, das Papier, das Tintenfass und die Federn. Sie ließ ihre Finger über das Holz gleiten und erkannte Rillen, die ihr Muster in den Briefen der Tante hinterlassen hatten. Stephanie lächelte glücklich. Jetzt war sie also da. An dem Ort, von dem die Briefe hergekommen waren. In Ohio.

*

Jetzt war ich also, wo ich nie hingewollt hatte: vier Fahrbahnen in meine, vier in die andere Richtung, und auf diesen so viele Autos, dass ich mit dem Fahrrad problemlos mithalten konnte. Ich geriet auf zu große Straßen, interpretierte die Schilder falsch und hatte am ersten Tag meinen ersten Platten. Dann kam ich aus den Siedlungen heraus, die Fahrt wurde ruhiger und die Luft angenehmer. Die Appalachen sind ein sanftes, aber hohes Hügelland. Ich trottete vor mich hin, als mich in einem Wald ein Auto überholte, bei dem zwei nach oben gereckte Daumen herausschauten. «Keep it up, man!», rief mir wenig später ein langhaariger Hippie aus einem Lieferwagen zu. Und dann kam mir auf einem kurvigen Sträßchen ein Harley-Fahrer entgegen. Der Bärtige in Lederkluft senkte seine linke Hand unter den Lenker, spreizte zwei Finger ab und zeigte auf mich. Ein Harley-Gruß! Der schwere Motorradfahrer erwies mir seine Ehre. Ich hatte Gänsehaut – und Kraft für weitere Kilometer.

Fahrradfahren ist Meditation für Ruhelose: einatmen, ausatmen, vorankommen. Der Sattel knarrte, die Kette sirrte und die Räder rollten über den Asphalt. Das Gelände flachte aus, am Wegrand standen gelangweilte Kühe und blickten verträumt in die Welt. Mal überholte ich ‹Amish People› auf Pferdewagen, mal überholte mich ein Lastwagen mit einem Container. Abends kam ich irgendwo an, schlief kurz, duschte und schlenderte dann herum. Ich aß, ich las, ich schrieb und ging schlafen. Morgens frühstückte ich und fuhr wieder los. Spannend war es nicht, dafür schön. Die Tage hatten ihre Rhythmen, und ich kam Stück für Stück westwärts. Ich übernachtete auf Zeltplätzen und in Motels, und wenn ich in einer Bar erzählte, was ich tat, trank ich für den Rest des Abends umsonst. Die Leute mochten die Idee, dass einer sein Rad nahm und übers Meer fuhr. Und dass ein Europäer in Amerika seinen Vorfahren nachspürte, war eine amüsante Verdrehung: Normalerweise bestürmen amerikanische Familienforscher europäische Archivare.

Dass ich mit dem Fahrrad unterwegs war, hatte einen einfachen Grund: Ich hatte Lust darauf. New Jersey wurde Pennsylvania, Pennsylvania Ohio. Landschaftlich erinnerte es mich an Holland – nur flacher. Die Straßen verliefen schnurgerade und schnitten sich rechtwinklig. Nord-Süd, Ost-West. Die einen trugen Nummern, die anderen Buchstaben und die Kreuzungen Namen zum Schiffe-Versenken. Mais, Soja, Weizen, dann wieder Soja, dann wieder Mais. Hin und wieder Eisenbahnlinien, Güterzüge, verstreute Höfe, kleine Ortschaften.

Ich erreichte Defiance schwerelos und mit leichtem Rückenwind. Da war ich also. Ich verstaute meine Sachen in einem Motel und schlenderte durch die Stadt. Sehr historisch sah sie nicht aus. Auf der Clinton Street blinkten die Neonreklamen, der Verkehr floss von Ampel zu Ampel und die Flüsse zogen träge vorbei. Mit 16 000 Einwohnern ist Defiance auch heute noch überschaubar.

Anderntags ging ich zur Bibliothek und dort hatte ich wieder einmal wahnsinniges Glück. Das Glück hieß Dianne und war vielleicht Mitte 50. Nachdem ich ihr meine Geschichte erzählt hatte, fischte sie zwei Bücher aus ihrem Archiv: eine Geschichte der Stadt von 1888 sowie ein Adressbuch von 1890.

Die Stadtgeschichte ist schnell erzählt. Grob gesprochen war die ganze Gegend ursprünglich ein riesiger Sumpf gewesen, voll mit Schlangen, Mücken und drei bösen Gespenstern namens Malaria, Cholera und Typhus. Siedler legten dann alles trocken, rodeten das Gebiet und erhielten so wunderbar fruchtbares Land. Aus ersten Höfen wurden kleine Weiler und später Dörfer, und mittendrin lag Defiance, das zum Städtchen wuchs. Zu Stephanies Zeit hatte es 7000 Einwohner und war damit die größte Siedlung auf einer Fläche so groß wie der Kanton Tessin. Ohio war der ‹Brotkorb New Yorks›. Züge brachten die Ernte an die Ostküste, mit dem Süden war das Gebiet durch Kanäle und Flüsse verbunden. Von den bekanntesten Wirren der US-Geschichte – Indianerkriege, Sklaverei, Sezessionskrieg – war Defiance wenig betroffen, und so hatte der Autor des Geschichtsbuchs nicht viel zu berichten. Lieber erzählte er Anekdoten oder porträtierte die wichtigsten Persönlichkeiten oder präziser: Männer der Stadt.

Das Adressbuch war deutlich interessanter. Ein Adressbuch ist der Vorgänger eines Telefonbuchs und ein Telefonbuch ist ... ach, egal. Jedenfalls fand ich Stephanies Arbeitgeber, Doktor Berchtold, auf Seite 37, an der 318 Perry Street.

«Was ist denn da heute?», wollte ich von Dianne wissen.

«So weit ich weiß, nichts Besonderes.»

Das Buch war ein Fernglas durch die Jahrhunderte. Bei den meisten Leuten waren die Berufe notiert, und so ergab sich ein ungefährer Stadtplan mit guten und schlechten, ruhigen und lauten Gegenden. Mit zwölf Kirchen und 50 Wohltätigkeitsvereinen, aber ohne Sport-, Gesangs- oder sonst einen Club. Ich blätterte vorwärts und rückwärts und bald hatte ich eine ungefähre Idee, was Stephanie erwartete, wenn sie zur Tür herausging und durch die Perry Street spazierte.

«Und weißt du, was ich im Adressbuch ebenfalls gefunden habe?», fragte ich Dianne. «Ein Berufs- und Firmenregister! 1890 gab es in Defiance zwölf Ärzte, neun Schmiede, drei Versicherungsvertreter, siebzehn Lebensmittelhändler und acht Barbiere. Dazu einen Musiklehrer, fünf Musiklehrerinnen und 21 Schneiderinnen. Zwei Banken sind aufgeführt, drei Billardhallen und dreißig – dreißig! – Saloons.»

Ich schlenderte durch die Straßen. Das heutige Defiance war eine Kleinstadt im Rostgürtel. In der großen Autofabrik war wenig Betrieb, um es höflich zu sagen: Es war kein aufregender Ort. Zu Stephanies Zeit war die Stadt deutlich kleiner, aber damals war es ein Zentrum mit riesigem Hinterland. Mit Fabriken und Brauereien. Ein Ort, der seiner Zeit in vielem voraus war. Jetzt fragte ich mich, ob Defiance nicht den Anschluss verpasste.

Die Perry Street war eine typische Nebenstraße in einer amerikanischen Kleinstadt: sehr breit, sehr gerade, sehr lang und sehr unspektakulär. Und Dianne hatte natürlich recht: Im dritten Block sah ich kein hundertjähriges Holzhaus, sondern bloß einige belanglose Gebäude. Etwas anderes war auch nicht zu erwarten gewesen. «Hooray for Cleveland!», murmelte ich, ging zum Friedhof und von dort kreuz und quer durch die Stadt.

Auf der anderen Seite des Maumee fand ich einen kleinen Park und darin die Nachbildung eines alten Baumstrunks. Eine Plakette informierte darüber, dass der Stamm drei Meter dick gewesen sei. 15 Meter hoch sei der Baum gewesen, mit einer Krone von 20 Metern Durchmesser. Er sei von Johnny Appleseed persönlich gepflanzt worden, informierte mich ein alter Herr, mit dem ich ins Gespräch kam: einem Abenteurer, der nur mit einer Bibel und ein paar Äpfeln in die Wildnis gezogen sei.

«Was Johnny angeht, wäre ich vorsichtig», meinte Dianne am nächsten Morgen. «Es mag einen wahren Kern geben, aber was von ihm erzählt wird, ist viel zu fantastisch, um wirklich wahr zu sein. Dafür habe ich etwas gefunden, was du gestern übersehen hast.»

Ich schaute sie fragend an.

«Du hast die Werbung im Adressbuch gar nicht beachtet. Was da alles angeboten wird!»

«Erzähl!», drängte ich sie.

«Haarwuchsmittel!», sagte sie triumphierend. «Dazu Salben, Hustensirup, Rizinusöl, Rattengift, persisches Insektenpulver und chinesisches Elixier.»

«Chinesisch? Persisch?»

«Marketing», zwinkerte sie und blätterte weiter. «Hier: Uhren, Tintenfässer, Ringe, Diamanten, Lampen, Tapeten, Zigarren, Papier und Karton. Und Krocket!»

«Was bitte ist Krocket?»

«Das kennst du nicht? Eine frühe Variante von Golf. Oder besser: von Minigolf. Man schlägt mit hölzernen Schlägern hölzerne Kugeln durch Tore aus Draht hindurch, die man zuvor in den Rasen gesteckt hat.»

«Nie gehört. Was hast du sonst noch im Angebot?»

«Bibeln. Und Wurmtabletten. Und Versicherungen, Nähmaschinen, Pferdezubehör, Stallplätze, Pianos, Hotels und Anwälte. Dazu Eiscreme, Sodawasser und: Austern!»

«Hier?! Tausende Meilen vom Meer?»

«Steht da. Aber das Wichtigste ist die Anzeige hier: Zugang zu einer Bibliothek! Einen ganzen Tag lesen, so viel man will, für nur 10 Cents. Was für ein Schnäppchen!»

Am Nachmittag präsentierte mir Dianne ein weiteres Fundstück: eine Karte von North Ridge. Dort in der Gegend musste Tante Thereses Farm gestanden haben. Nur wo? Diannes Karte zeigte die Farmen, ihre Besitzer und ein Problem: Es waren zwei ‹Peter Leithäuser› eingetragen. Einer auf einer Parzelle von 160 und einer auf einer von 120 Acres. Ich konsultierte meine Notizen. Gemäß Stephanie war die Farm abgelegen und 200 Morgen groß. Den ‹Morgen› gab es aber nur im deutschsprachigen Raum und wie groß er war, variierte von Ort zu Ort. Ich wählte einen Schätzwert von 3300 m² und landete mit Faktor 200 bei 660 000 Quadratmetern. Das wiederum entsprach: 163 Acres!

Die Rechnung war gut, aber Dianne war noch besser. Sie stöberte ein Testament auf, in dem ‹Peter Leithäuser› sein 120-Acres-Grundstück an seinen Enkel vererbte, der ebenfalls Peter hieß. Wir studierten die Jahrgänge und stellten fest, dass Stephanies Onkel Peter-der-Zweite gewesen sein muss, also der Sohn des Testament-Schreibers und Vater des Erben. Und wie war zu erklären, dass er im Testament seines Vaters übergangen worden war? Nun: Er und Therese bewirtschafteten offensichtlich bereits das 160-Acres-Grundstück!

Und Dianne fand noch mehr. Sie stöberte drei Fotos der Farm auf. Bild 1 zeigte aus einiger Entfernung das Farmhaus, eine Scheune und einen Schopf. Die Anlage war großzügig und das Farmhaus schlank, hoch und hell. Stephanie muss es eher an ein vornehmes Landhaus als an ein europäisches Bauernhaus erinnert haben. Nur schon die Fenster waren gut und gerne viermal so groß wie bei Stephanies Zuhause in Oberwil. Bild 2 zeigte sieben Personen vor dem Farmhaus, und Bild 3 fünf Menschen, drei Pferde und ein Fohlen vor der Scheune.

«Schau dir *sie* an und *ihn*», sagte Dianne und zeigte auf die lachende Frau, die im Damensitz auf einem der Pferde saß, und auf den Mann im weißen Hemd, der das Fohlen hielt. «Die zwei sind die Einzigen, die auch auf dem anderen Bild auftauchen.»

«Tante Therese und Onkel Peter», schlussfolgerte ich stimmlos.

«Es spricht alles dafür», bestätigte Dianne.

Defiance

Stephanie liegt im Schatten des Apfelbaums am Ufer des Maumee River. Neben ihr ihre Freundin Hanne. Es ist Frühling, und die beiden blinzeln durch die zart begrünten, blütenbeladenen Zweige in den Himmel. Wölkchen treiben sich darin herum, Vögel zwitschern aus dem Geäst und vom Fluss her hört sie das klatschende Eintauchen der Paddel kleinerer Boote. Stephanie stützt sich auf. Vor ihr liegt der Maumee, dahinter das Karree-Muster der Stadt mit ihren Schornsteinen und Fabriken, Bäumen, Holzhäusern und Kirchtürmen. Sie lässt sich zurück ins Gras sinken, atmet tief aus und blickt wieder ins filigran verworrene Geäst des Apfelbaums, der ihr mächtig wie eine Eiche scheint.

Plötzlich fährt ein Windstoß in die Äste, und die Luft ist erfüllt von Tausenden tänzelnden Blütenblättern. Wie ein feiner, duftender Frühlingsregen. Hanne springt auf die Füße, jauchzt und beginnt, sich mit fliegendem Rock im Kreis zu drehen. Stephanie bleibt liegen, breitet die Arme weit aus, schließt die Augen, lässt sich die feinen weißen Blättchen ins lächelnde Gesicht fallen und atmet tief, tief ein.

Stephanie musste sich erst einmal ausruhen. Sie verbrachte drei Wochen auf dem Hof, ging ihrer Tante zur Hand und erholte sich von den Strapazen. Das Land um die Farm herum war flach, und der Horizont schien ihr viel näher als zu Hause. Oft sah es aus, als könne sie fünf Minuten gehen und dann den Himmel berühren. Die Luft war frischer, das Wasser erdiger und Stephanie war tatsächlich hier. Immer wieder wunderte sie sich über sich selbst. Sie war wirklich nach Amerika gefahren.

Von einem Bauernhof hatte sie eigentlich nicht viel Neues erwartet, Tiere und Pflanzen verhielten sich überall gleich. Doch Tante Thereses Familie bewirtschaftete eine geradezu riesige Fläche und benutzte dafür Maschinen, die Stephanie noch nie gesehen hatte. Die Kühe hatten keine Hörner, weideten Tag und Nacht draußen und kamen bloß zum Melken in den Stall. Und über den Hof, die Felder und durch den Wald gackerten weit über hundert Hühner, die sich wild vermehrten und nur von den Füchsen und dem Beil im Zaum gehalten wurden. Ihr kam es vor, als warte hinter jedem Gebüsch die nächste Überraschung. Neugierig erkundete sie das Gelände. Besonders faszinierend fand sie die exotischen Tiere und Gewächse, die Kürbisse, den Mais, die Tomaten, das Zuckerrohr und die Kolibris, die Thereses Kinder mit Honigwasser anlockten. Das mit Abstand Fantastischste aber war ein kleines silbernes Detail in der Küche: ein Hahn, aus dem jederzeit warmes Wasser floss. Von ‹heißen Quellen› hatte Stephanie schon gehört, hier aber sprudelte solches Wasser geradewegs ins Haus! Sie war sich sicher: So etwas gab es in der Schweiz nicht einmal in den vornehmsten Häusern.

Sie saß an dem Tischlein im Flur und war gerade dabei, erste Briefe nach Hause zu schreiben, als Tante Therese mit Neuigkeiten vom Markt zurückkam. Dort hatte sie Bekannte aus der Stadt getroffen, die ein Dienstmädchen suchten. «Ich habe ihnen gesagt, dass ich jemand Passendes für sie habe», erzählte Therese – und damit war die Sache beschlossen: Stephanie hatte eine Stelle.

Die Zeit auf der Farm verflog wie ein viel zu kurzer Sommer. An einem Samstag Anfang Oktober fuhr Stephanie mit Onkel Peter zurück nach Defiance. Die Räder knirschten über den Feldweg, und auf der Ladefläche schaukelten Fässer mit Butter und Zuckersirup. Das Pferd kannte die Strecke, Onkel Peter hielt die Zügel lose. Nach einer guten Stunde gelangten sie zu einer kleinen Anhöhe, und der Farmer stoppte das Gefährt. Vor ihnen lag der Maumee River, über den eine Fahr- und eine Eisenbahnbrücke führten, die am andern Ufer zwischen den Häusern von Defiance verschwanden. Dort erhoben sich Stege, Werften, Schuppen, Fabriken und Schornsteine, die in den Herbsthimmel stachen. Dahinter erkannte Stephanie Eigenartiges: Die Straßen bildeten ein strenges Gitternetz, das die Stadt in quadratische Blöcke teilte. Diese waren nicht sonderlich dicht bebaut, zwischen den Häusern lagen große Gemüsegärten und Grünflächen. Die meisten Häuser waren aus Holz, die übrigen aus Backstein, und dicht aneinander gemauerte Gebäude gab es nur an der großen Straße gleich nach der Brücke – also dort, wo gerade eine unüberschaubare Menge an Menschen, Pferden, Ochsen und Karren durcheinanderwimmelte. Im Hintergrund verschwand rechts der Maumee in der Ferne, links floss der Auglaize River an der Stadt vorbei. Die beiden waren etwa gleich groß, bräunlich gefärbt, trudelten träge vor sich hin und vereinigten sich am Rand der Stadt zu einem neuen, noch größeren Fluss. Stephanies Blicke blieben an immer neuen Details hängen, an den Eisenbahnlinien, am Kanal, der die Stadt durchschnitt, an Schornsteinen und Glockentürmen. Sie hatte sich noch lange nicht sattgesehen, als sich das Pferd wieder in Bewegung setzte und Onkel Peter das Fuhrwerk über den Fluss und in Richtung der Menschenmenge steuerte.

Es war Markttag, und Bauern, Händler und Handwerker priesen lautstark ihre Güter an. Männer mit Hüten, Damen mit Schirmen, Burschen mit Mützen und Dienstmädchen mit Hauben zogen herum, feilschten, stritten, palaverten und tratschten. Onkel Peter wich dem Durcheinander aus, so gut es ging. Gleich nach der Brücke lenkte er den Wagen nach rechts in die First und dann links in die Perry Street. Nach etwa hundert Metern zog er die Zügel. «Brrr.» Stephanies Blick fiel auf ein schlichtes einstöckiges Holzhaus mit einem Kirschbaum im Vorgarten. Auf einem Schild stand ‹Anthony Berchtold› und darunter ‹DOCTOR› geschrieben und nochmals darunter war eine Tür, die gerade aufflog. Drei kindergroße Springmäuse stürmten hervor. «Bist du das neue Dienstmädchen?», fragte die älteste Springmaus. Stephanie lachte und sagte «Ja.» In dem Moment trat eine Frau mit einer vierten Springmaus im Arm aus der Tür. Sie schickte die Kinder mit kurzen Worten zurück ins Haus und stellte sich dann als Frau Doktor Berchtold vor.

Stephanie sagte ihrem Onkel Adieu, ergriff ihren Koffer und folgte der Mittdreißigerin mit dem dicken, um den Kopf geflochtenen Zopf ins Gebäude. Dort drückte Frau Berchtold das kleinste Kind dem größten in die Arme und schickte die Meute in den Garten. In der Küche setzte sie Kaffee auf. Stephanie setzte sich auf einen Stuhl, streckte den Rücken durch und überlegte, bevor sie sprach. Entsprechend hölzern verlief das erste Gespräch. Schließlich lächelte Frau Berchtold, sagte Stephanie, sie brauche sich keine Gedanken zu machen, und führte die nervöse 19-Jährige durchs Haus.

Es bestand aus neun Zimmern, alle im Parterre, von denen Doktor Berchtold zwei für seine Praxis benutzte. Hinzu kamen Küche, Stube, Bibliothek, Schlaf- und zwei Kinderzimmer sowie die Dienstmädchenkammer. Dann traten die Frauen in den Garten, wo die Springmäuse gerade mit Kastanien spielten. Salat- und Gemüsebeete lagen in ordentlichen und schon etwas welken Reihen da. Neben diesen war ein Brunnen zu sehen, weiter hinten standen Hasel- und Brombeersträucher sowie je ein Apfel-, Birn- und Zwetschgenbaum. An den Rändern des Grundstücks wucherten orange leuchtende, lilienartige Blumen und ganz hinten stand etwas versteckt ein Toilettenhäuschen. Und dann entdeckte Stephanie noch etwas: Auf einem Ast saß ein großer blauer Vogel.

«Das ist Edgar», sagte Frau Doktor, «er gehört meinem Mann.»

«Er ist ein Papagei!», erklärte das älteste Kind stolz, worauf ein kleineres «Papageigei» plapperte und kicherte und dann wieder vom Größeren belehrt wurde.

Stephanie hatte die Tour mit ihrer neuen Arbeitgeberin gerade beendet, als das alte Dienstmädchen vom Markt nach Hause kam. Dorothee wollte demnächst nach Kalifornien reisen.

«Dort gibt es interessantere Arbeit, besseres Wetter und mehr Lohn», erklärte sie.

Augenzwinkernd ergänzte Frau Doktor später unter vier Augen: «Vermutlich sucht Dorothee in Kalifornien außerdem auch nach Gold und einem Mann. Immerhin ist sie ja schon zweiundzwanzig – in Amerika wird es da langsam aber sicher Zeit.»

Zwei Wochen lang arbeiteten die beiden Dienstmädchen gemeinsam. Dann reiste Dorothee ab, und Frau Doktor nähte die Schürzen und Dienströcke so um, dass sie Stephanie passten. Nun kam sie ins Schleudern. Sie putzte, wusch, betreute die Kinder, kaufte ein und strengte sich an – und stellte am Waschtag doch erschrocken fest, dass die Wäsche der anderen Dienstmädchen schon zwei Stunden vor ihrer eigenen in den Gärten flatterte.

 Einen Warmwasserhahn gab es an der Perry Street nicht – es gab überhaupt keinen Wasserhahn. Stephanie wusch mit Regenwasser aus einer Tonne neben dem Haus, zum Kochen schleppte sie es aus einem Brunnen im Garten herbei und den Abwasch besorgte sie in einem Bottich auf dem Küchentisch. Die meiste Zeit verbrachte sie in der Küche. Zwetschgen, Birnen, Äpfel waren reif und mussten zum Dörren geschnitten oder zu Konfitüren und Kompotten verkocht werden; Vorbereitungen für den Winter. Stephanie hatte noch wenig Erfahrung als Köchin und so zeigte ihr Frau Doktor, wie man eine richtige Farce zubereitete und wie einen Sud, und schärfte ihr ein, dass Tomaten nie in Eisenpfannen zubereitet wurden und Quitten nur in solchen aus Messing («Aber das können Sie gleich wieder vergessen, Stephanie, Quitten sind in Amerika gänzlich unbekannt.») Frau Doktor zeigte ihr, wie man einen Braten dressierte, Kerbelkraut hackte, Brot bähte, also leicht röstete, oder wie sich Hefe anfühlen musste, wenn sie noch frisch war. Zudem erklärte sie ihr, was sich mit Mais, Kürbissen und den anderen amerikanischen Lebensmitteln alles kochen ließ. Stephanies Kopf qualmte wie die Töpfe. Ständig musste sie bedenken, was wie zubereitet wurde, was wie lange zu schmoren hatte, was noch in der Speisekammer lag und ob es schon braun wurde. Reste verarbeitete sie zu Suppe, Abfälle brachte sie einem Nachbarn, der ein Schwein hielt, von dem er den Berchtolds eine Haxe oder ein Nierstück versprach.

Zum Glück legte Frau Doktor Wert auf die Pausen. «Außer Atem arbeitet man nicht schneller, sondern schlechter», erklärte sie und setzte deshalb stets um halb zehn einen Tee auf. Stephanie schätzte diese Unterbrüche. Überhaupt war die Atmosphäre bei den Berchtolds gutmütig und entspannt. Die Kinder waren unbekümmert, und Stephanie hatte noch nie ein Paar gesehen, das so liebevoll miteinander umging wie der Arzt und seine Frau. Die beiden hatten sich in einem Hotel kennengelernt, das Josephine mit ihren Brüdern geführt und wo Anton die Gäste betreut hatte. «Ich hätte es einfacher haben können, als mit ihm ans Ende der Welt zu ziehen», sagte Frau Doktor und blies den Dampf von der Tasse. «Aber ich wollte es nicht.»

Der Doktor war eher klein, hatte ein rundes Gesicht, eine runde Brille, krauses Haar und einen etwas verwilderten Bart. Tagsüber war er in seiner Praxis oder mit Hausbesuchen beschäftigt, abends tüftelte er an seinen Rezepten oder vertiefte sich in Fachzeitschriften und Notizen. Akribisch dokumentierte er, wen er wann mit welcher Methode behandelt hatte und wie der Heilungsprozess verlief. Das verglich er dann mit den Artikeln in den Journalen, evaluierte Methoden, verbesserte Rezepturen und stritt sich mit den anderen Ärzten der Stadt über die Ergebnisse. Gerade wurde darüber diskutiert, wie gut sich Lachgas zur Betäubung eignete. «Und Brown und McKinney streiten sich jetzt schon seit Wochen, ob Infektionen vermieden werden können, wenn sich der Arzt vor dem Operieren die Hände wäscht», erzählte Dr. Berchtold und bat Stephanie, darauf zu achten, dass stets eine Schüssel Wasser und etwas Seife in der Praxis stand.

Seine Frau kümmerte sich derweil um Rechnungen, Küche und Garten. Sie nähte die Kleider, verwaltete das Budget, dirigierte das Dienstmädchen und kommandierte die Kinder. Die Springmäuse verbreiteten unablässig Lärm, Chaos und Gemütlichkeit. Die zehnjährige Rosa war die lautstarke Anführerin und hatte Stephanie von Beginn an ins Herz geschlossen. Finy, acht Jahre alt, war hingegen eher verträumt und erinnerte Stephanie etwas an Marie. Der vierjährige Leo war ein kleiner Rabauke und wurde als einziger Bub ein bisschen verwöhnt. ‹Miny›, eigentlich Anna, war erst sechs Monate alt, krabbelte durch die Gegend und knabberte herumliegende Tücher, Spielsachen und Zehen an. Auch Edgar gehörte irgendwie zur Kindermeute. Die Springmäuse vergötterten den blauen Papagei, der kurze Sätze sprechen und auf Befehl kleine Kunststücke machen konnte – wenn er wollte.

Die Ärztefamilie war kein vornehmer Haushalt, dafür genügte ein Blick auf die Teppiche oder das Geschirr. Der Doktor war in Defiance etwa so angesehen wie ein tüchtiger Handwerker, in Paris oder London wäre aber auch er nicht durch den Haupt-, sondern durch den Dienstboteneingang ins Haus gebeten worden. Stephanie kannte sich bald aus. Sie wusste, wie die Praxis geputzt wurde, wie man blutige Tücher wusch und wie die medizinischen Geräte gereinigt wurden. Sie bemerkte, dass der Doktor es schätzte, wenn spitze Bleistifte bereitlagen, lernte, wie sie Miny am einfachsten wickelte, mit welchem Gewürz sie

Leo den Sellerie schmackhaft machen konnte und dass Frau Doktor Gründlichkeit wichtiger war als Tempo. Schon das Knarren der Dielen verriet ihr, wer gerade in die Küche trat, und aus der anfänglichen Hektik wurde eine ruhigere Routine. Und als sie wiedermal einen Brief an Babette verfasste, schrieb sie, dass sie sich bei den Berchtolds schon ziemlich daheim fühlte.

Das Leben bei den Berchtolds war ungewohnt, richtig spannend aber wurde es für Stephanie draußen. Defiance war zwar nur etwa zehnmal so groß wie Oberwil, aber es war wild und unfertig wie eine Großstadt. Täglich kamen Leute neu an oder verschwanden, und Stephanie malte sich zu jedem schmutzigen, blühenden, unrasierten oder zurechtgepuderten Gesicht wilde Geschichten aus. Manche Leute waren gerade erst übers Meer gekommen, andere lebten in vierter Generation in Defiance und wieder andere zogen durch die Staaten auf der Suche nach einem Ort, an dem sie bleiben wollten. Die meisten Leute sprachen Englisch, viele Deutsch, und gelegentlich hörte Stephanie auch einige Brocken Französisch, Ungarisch, Jiddisch, Italienisch oder Schwedisch. Und wie die Leute alle angezogen waren! Stephanies Blick blieb immer wieder an ausgefallenen Hüten und aufwendigen Röcken, an breiten Krempen und abwegigen Bordüren, an ungewohnten Formen und seltsamen Materialien, an Stiefeln, Gürteln, Schirmen, Käppchen, Hauben, Kragen und Knöpfen hängen. Es dauerte eine ganze Weile, bis sie einordnen konnte, welche Kleidung jemanden als Flößer oder Hafenarbeiter, als Fuhrknecht oder Barbier, als Dienstmädchen oder als Frau des Richters auswies. Schließlich bemerkte sie, dass der Schnitt ihrer eigenen Kleidung sie als Neuankömmling aus der alten Welt verriet, und nahm sich vor, etwas Neues zu kaufen, sobald sie genügend gespart hätte.

Nur schon die Perry Street bot eine Fülle von Eindrücken. Als Stephanie erstmals hinauf zur First Street ging, trat sie vors Haus und stand zunächst einmal vor einer Wagnerwerkstatt, an die sich linker Hand die Feuerwache anschloss. Von weiter links hörte sie das spitze Hämmern einer Steinmetzerei und das nur wenig dumpfere Klopfen aus einer Schmiede. Kaum war sie an den beiden vorbeigegangen, erblickte sie rechts das Rathaus. Tief sog sie den intensiven Holzgeruch ein, mit dem die dahinterliegende Sägerei die Luft erfüllte, bis dieser vom unverkennbaren, metallischen Geruch eines Eisenwalzwerks überlagert wurde. Es folgte eine Mühle und schließlich am Ende der Straße – und damit am Fluss – das große, rote Fabrikgebäude der ‹Defiance Machine Works›, wo im Namen der Familie Kettenring landwirtschaftliche Maschinen gefertigt wurden. Dazwischen taten sich überall grüne Flächen auf, auf denen Wohnhäuser standen – einfache Holzhäuser von Webern, Hufschmieden, Kutschern und Kistenmachern – sowie gegenüber der Maschinenfabrik die opulente, dreistöckige und mit einem massiven Turm versehene Villa der Kettenring-Dynastie.

Ein anderes Bild ergab sich, wenn Stephanie die Perry Street hinunter zum Bahnhof spazierte. Die Gegend war weniger laut, die Häuser und Werkstätten waren kleiner und die Kleider der Leute abgewetzter, je näher sie zu den Gleisen kam. Gleich im nächsten Block befand sich der Saloon von Demetrius Bell, ein zweistöckiges Haus mit Bar, Restaurant und Gästezimmern, vor dem stets Leute herumstanden, Bier tranken und rauchten. Das wiederum freute den kauzigen Zigarrenmacher Juhász, dessen würzig duftender Laden auf der anderen Straßenseite lag. Weiter vorne befand sich die Konditorei Gottwald, in die Stephanie aber nur vor wichtigen Feiertagen geschickt wurde. Gleich daneben war die Werkstatt von ‹J. B. Koontz, Feather Renovator›, von dem sie zunächst dachte, es handle sich um jemanden, der alte Hüte wieder frisch macht. Aber der gesprächige Mister Koontz war Spezialist fürs Ausbessern hart gewordener Kissen und durchgelegener Matratzen. Etwas weiter kam sie an einem Zaumzeugmacher, einem kleinen Bierlokal und dann am Lebensmittelladen der Familie Goreman vorbei, die gleich daneben auch noch eine Großhandlung für Kalk, Zement und Pflastersteine betrieb. Der Rauch der Züge lag bereits in er Luft, wenn sie am Hotel Cunningham, einer Metzgerei, einem Blumen- und einem weiteren Lebensmittelgeschäft vorbeikam. Bis zum Bahnhof folgten dann noch eine Möbelschreinerei, ein paar kleine Tavernen und weitere, kaum nennenswerte Geschäfte. Die Häuser wurden stets schäbiger, und direkt bei den Gleisen fanden sich schließlich nur noch ein paar Fass- und Kistenmacherwerkstätten. Im Bahnhofsviertel wohnten schlecht bezahlte Maler, Gipser, Fabrikarbeiter, Stallknechte, Müller, Tapezierer und Bootsbauer mit ihren Frauen und den schmuddeligen Kindern. Auch Maria Bernhard lebte hier, die einzige Hebamme von Defiance, über die sich die Männer der Stadt allerhand Geschichten erzählten.

Stephanie ging selten in jene Gegend, Frau Doktor riet ihr davon ab. «Ihre Wertsachen könnten sich dort verselbständigen», warnte sie. An den Flüssen und bei den Häfen war das zwar unwahrscheinlich, «Flößer und Schiffsleute können aber ganz schön zudringlich werden, besonders wenn sie getrunken haben.» Aus demselben Grund riet sie

Stephanie, Mister Conrads Spezereiladen zu meiden. Besser war das Geschäft der Witwe Bennett in der Second Street.

In jenem Laden stand Stephanie dann eines Tages, kaufte ein Pfund Bohnen und hatte es schon bezahlt, als sie es nochmals in der Hand wog. Ärgerlich murmelte sie etwas von «viel zu wenig» und «gezinkten Gewichten», wusste aber nicht, wie sie sich hätte beschweren sollen, weil die Verkäuferin nur Englisch sprach. In dem Moment wurde sie von einer jungen Frau angesprochen und zwar auf Deutsch. Sie war etwas älter als Stephanie, leicht als Dienstmädchen erkennbar, und meinte: «Sie haben wohl noch nie etwas vom Unterschied zwischen dem deutschen und dem amerikanischen Pfund gehört.» Sie erklärte ihr die Sache und sagte, das sei ihr am Anfang auch passiert. «Nehmen Sie's nicht zu schwer!», kalauerte sie aufmunternd und lachte dann laut und sehr undamenhaft über ihren überaus großartigen Witz.

Einige Tage später liefen sich die beiden Frauen erneut über den Weg. Die Humoristin stellte sich als Hanne vor und war Dienstmädchen in der Villa Kettenring. Sie bot an, den nächsten Sonntagnachmittag gemeinsam zu verbringen und ihr die Stadt zu zeigen. Stephanie wusste zwar nicht recht, was sie von dieser Hanne halten sollte, war aber froh um die Einladung, und so trafen sie sich einige Tage später an der Ecke von Perry und Third Street. Hanne führte Stephanie durch die Winkel der Stadt, zeigte ihr, wo es interessante Geschäfte gab, welche Läden günstig waren, welcher Händler wirklich gezinkte Gewichte verwendete und dass man bei Mister Conrad für ein nettes Lächeln einen Rabatt bekommen konnte.

Und Hanne kannte Geschichten! «Der stolze Mister Goreman zum Beispiel prahlt überall mit seinen 30 Jahre alten Heldengeschichten aus dem Krieg gegen die Südstaatler.» Sie bezweifelte, dass Goreman wirklich gekämpft hatte. «Wenn Sie mich fragen, Stephanie, hat der Alte damals bei Kriegsende irgendeinem abgehärmten Soldaten bei Whiskey und Pokerspiel die Uniform abgenommen und dann beschlossen, dass es gut fürs Geschäft wäre, Kriegsheld zu sein.» Die stets adrett gekleidete junge Witwe Bates wiederum «erwähnt etwas gar häufig, dass sie reiche Verwandte in Kalifornien habe, die es beim Goldrausch zu Geld gebracht hätten». Hanne vermutete einen reichen Liebhaber, am ehesten den unglücklich verheirateten Advokaten Mister Peasley. Auch Willy Lane war eine wichtige Größe im Ort: «Seine Farm liegt gleich auf der anderen Seite des Auglaize River, rechts, wenn man über die Brücke kommt. Er fehlt an keinem Fest, stemmt die schwersten Krüge und klopft die größten Sprüche. Dabei hätten Sie ihn sehen sollen, als vorletztes Jahr dieser Zirkus da war und seine Zelte auf Willys Land aufgeschlagen hat. Der Löwe ist entwischt und hat Willy bis in die Scheune verfolgt. Der hatte riesiges Glück, dass das Tier nicht hungrig, sondern eher verwirrt war. Die Zirkus-Leute haben den Löwen dann wieder eingefangen und Willy kann seither eine weitere Geschichte zum Besten geben.» Was die Hebamme Mary Bernhard anging, so sollte Stephanie das Wenigste glauben, das über sie gesagt wurde. «Das ist alles pure Fantasie. Was hingegen stimmt, ist, dass sie in jungen Jahren aus Kentucky geflohene Sklaven aufgenommen und ihnen auf dem Weg nach Kanada weitergeholfen hat.»

Die beiden schlenderten ziellos durch die Straßen. Parallel zur Perry Street durchschnitt ein Kanal die Stadt, ein Band aus beinahe stehendem Wasser, auf dem Schiffe südwärts schaukelten. Diese führen zum ‹Mississippi›, behauptete Hanne – was für Stephanie verdächtig nach einem Fantasienamen klang. Die beiden überquerten eine Brücke, als gerade ein von Süden kommendes, mit einer weißen, watteartigen Masse beladenes Schiff unter ihnen hindurchglitt. «Baumwolle», erklärte Hanne auf Stephanies fragenden Blick, rief einem Schiffsjungen auf Englisch etwas zu, woraufhin dieser ihr einige Bällchen hochwarf. Hanne reichte sie an Stephanie weiter, und die konnte sich fast nicht vorstellen, wie aus dem rauen, struppigen Material einmal angenehmer Stoff werden sollte. Sie befühlte es so lange, bis das Schiff unter ihnen vorbeigefahren war. Hanne meinte, sie solle es behalten.

Sie gelangten zur Clinton Street, der Hauptstraße, wo gerade Lärm ausbrach, weil eine Horde Kinder einen Zug verfolgte. Einen ‹Street-Car›, präzisierte Hanne, während Stephanie der Meute erstaunt hinterhersah.

«Und wie fährt dieses Ding, wenn es doch weder Dampf noch Rauch ausstößt?»

«Elektrisch!», antwortete Hanne, womit Stephanie nun auch nicht viel anfangen konnte. Ihre Freundin zog sie daraufhin vor ein mit Glühbirnen beleuchtetes Reklameschild und sagte: «Damit.»

An fast jeder Straßenecke wartete ein weiteres Wunder oder wenigstens etwas Unbekanntes. Besonders irritiert war Stephanie von dem guten Dutzend Kirchen, von denen Hanne erklärte, dass jene hier den Lutheranern gehöre und die dort den Reformierten, den Presbyterianern, den Katholiken, Methodisten, Baptisten oder einer weiteren Strömung. Die meisten waren aus rotem Backstein gebaut, für Stephanie waren sie ungewohnt klein, und jede hatte irgendein spezielles Merkmal: einen abgeschnittenen Turm, ein spitzes Dach oder eine auffällige Statue. Nur eine Kirche hatte überhaupt keinen Turm. «Das», sagte Hanne, «ist auch keine Kirche, sondern die Loge der Freimaurer.» Daraufhin musste sie Stephanie von den diversen Wohltätigkeitsvereinen erzählen, über die sie selbst keinen Überblick hatte: «Es gibt Dutzende davon, und ich merke mir bloß die mit den lustigsten Namen. ‹Royal Arcanum› zum Beispiel, die ‹Lend-a-Hand-Society› oder den ‹Hohen Rat vom Orden der Elche›.»

Hanne und Stephanie wichen Reitern, Ochsenkarren und einer Schafherde aus, unterhielten sich mit anderen Dienstmädchen und schenkten Fuhrknechten keine Beachtung. Hanne sprach etwas langsamer und Stephanie einigermaßen hochdeutsch und so kamen sie miteinander zurecht. Sie schlenderten zum alten Fort am Zusammenfluss der Flüsse und schauten den mit Korn, Baumwolle, Landwirtschaftsmaschinen oder einfach mit Kisten und Fässern vollgepackten Booten zu. Wirklich Spektakuläres hatte Defiance nicht zu bieten, und doch war Stephanie nach der Tour mit Hanne erschöpft von den vielen Eindrücken und Informationen. Die Stadt war eine wilde Mischung aus Unfertigem und Modernem, aus soliden Holzhäusern, groß angelegten Villen, repräsentativen Backsteinbauten und heruntergekommenen Absteigen.

Stephanies Start in Defiance verlief gut; sie erkundete den Ort und lebte sich ein. Bald wurde es kälter, im November schneite es erstmals, und als der Schnee liegen blieb, konnte sie von der Küche aus tagelang beobachten, wie die Wagner auf der anderen Straßenseite Räder demontierten und Kufen anbrachten. Die Stadt drosselte ihr Tempo, und das Leben verlagerte sich nach drinnen. Tagsüber stiegen Rauchfahnen in den Winterhimmel, und nachts trugen die Leute Bettsocken, Mützen und Schals. Der Winter in Defiance war bissiger als jener in der Schweiz, und Stephanies Schwermut kam gegen Weihnachten.

Die Berchtolds waren freundlich, Hanne war lustig und Defiance wurde ihr mit jedem Tag weniger fremd. Und doch hatte Stephanie Heimweh. Ihr ganzes Leben hatte sie am selben Ort, unter denselben Leuten verbracht – vertraut, behaglich, etwas eintönig vielleicht, aber auch angenehm und überschaubar. Und jetzt war sie in Ohio. Nicht, dass es ihr nicht gefiel, aber das Leben in Defiance war fremd und verwirrend, und die 19-Jährige war oft einfach nur müde und überfordert. Sie sprach noch immer kaum Englisch, kannte kaum Leute und hatte keinen Schimmer von Yards und Nickels und Gallons und Dimes. Sie wusste nicht was ‹Squash› war (Kürbis) oder welche Kartoffelsorten sich für welche Rezepte eigneten.

Täglich stellten sich neue Fragen: Sollte sie deutschsprachige Laufburschen und Stalljungen duzen oder siezen? Wie ging sie mit Marktfrauen und Händlern um und was waren vernünftige Preise? Wie feilschte sie am besten und sollte sie deutsch sprechen oder ihre paar Brocken Englisch und auf die gewünschten Dinge zeigen? Wann sagte sie etwas und wann schwieg sie besser? Wer waren die Leute mit den Strohhüten und den seltsamen Kinnbärten? Und wo war nochmal dieser Laden, wo es das Gewürz für den Linsen-Eintopf gab, und wie hieß es noch gleich und wie kam sie von dort anschließend weiter zur Wilbur Street?

Wenn sie konnte, fragte sie Hanne oder Frau Doktor oder linste nach einem anderen Dienstmädchen, um zu sehen, was dieses tat. Aber immer wieder gab es Momente, in denen sie sich in dieser neuen Welt ahnungslos und allein fühlte und ihr etwas Einfaches einfach nicht gelang. Und als sie sich an einem ohnehin schon missratenen Tag eine Pause gönnen wollte und in einem Restaurant einen Tee bestellte, bekam sie heißes Wasser und einen Beutel. Sie hatte noch nie Teebeutel gesehen und so wusste sie nicht, ob sie ihn aufreißen oder so, wie er war, ins heiße Wasser tauchen sollte, und kam sich auf einmal so ungeheuer blöd vor, zu dumm, um Tee zu trinken, dass ihr vor Überforderung, Müdigkeit und Ärger die Tränen herunterliefen.

Weihnachten war ein Tiefpunkt. Die Berchtolds waren bei Freunden eingeladen, und Stephanie blieb allein zu Hause, machte sich ein Omelett und ließ die Hälfte stehen. Daheim in Oberwil saß ihre Familie nun gemeinsam bei Tisch, trug die Sonntagskleider und Mama kochte einen Schinken. Überhaupt fehlte ihr besonders ihre Mutter, mit der sie so eng verbunden gewesen war und der sie nun Briefe schrieb, die das Heimweh mehr befeuerten als heilten. Zu Weihnachten hatte Mama ihr einen Schal geschickt, in den sie einige Haare eingestrickt hatte, und Stephanie hatte es nur so geschüttelt, weil ihr das Zeichen der Nähe die Distanz umso schmerzlicher vor Augen führte.

Hanne holte sie wieder aus dem Loch. Freundinnen und frische Luft waren das beste Mittel gegen den Trübsinn und schon die Januartage brachten etwas mehr Sonne. Hanne und Stephanie zogen durch die Winterlandschaft und sprachen über Defiance, ihre Arbeit und das Heimweh, und als Stephanie gerade schwermütig werden wollte, startete Hanne ein Schneeballscharmützel und deckte ihre Freundin mit weißen Staubwolken ein. Sie kamen zu einem Weiher außerhalb der Stadt, wo sie Schlittschuh laufen wollten. Die Kufen hatte Stephanie von Hanne zu Weihnachten bekommen. Sie war etwas nervös. In Oberwil war sie nie gelaufen, weil ihre Mutter das Eistanzen für ein anständiges Fräulein unschicklich gefunden hatte.

«Ach», beruhigte sie Hanne, «es ist doch sowieso alles unschicklich, was jungen Fräuleins rote Wangen bereitet. Nur stehen dir rote Wangen einfach hervorragend, Stephanie! Ehrlich, du siehst damit noch besser aus als mit verheultem Gesicht!»

Stephanie lachte, griff in den Pulverschnee und stob eine Ladung in Hannes Richtung.

Ein einzelner Versuch, fand sie schließlich, würde kaum bleibenden Schaden anrichten. Vorsichtig stakste sie auf die Eisfläche, Hanne half ihr mit den ersten Schritten und sagte ihr immer wieder, sie solle sich nicht so verkrampfen. Sie tänzelte um sie herum, und mit der Zeit kam auch Stephanie ganz gut zurecht, bewegte sich freier und natürlicher. Das heißt: bis ein paar junge Männer auftauchten, Stephanie augenblicklich alles verlernte, immer wieder hinfiel und sich grässlich darüber ärgerte. Hanne hingegen schlenkerte und kreiste und war um keine Antwort verlegen. Sie schien schwerelos und stark und hüpfte unbekümmert über die brüchige Unterlage.

Den gefährlichsten Tanz aber tanzte Hanne nicht auf dem Weiher, sondern in der Villa Kettenring. Es war später Nachmittag geworden, die Sonne stand tief, und die beiden stapften zurück in die Stadt. Hanne sprach ungewohnt leise, als sie Stephanie ein Geheimnis verriet: Sie hatte eine Liebschaft mit ihrem Chef.

«Mit Herrn Direktor Kettenring?», rief Stephanie überrascht.

«Pssst!», machte Hanne. «Ja. Aber ‹Herr Direktor› nenne ich Herbert wirklich nur, wenn wir nicht allein sind.»

Aus der heimlichen Liaison zog sie einige Vorteile: Unangenehme Arbeiten gingen häufig an ihr vorbei und wurden stattdessen der Köchin oder dem Laufburschen aufgehalst. Geschenke erhielt sie zwar kaum, aber das war auch nicht nötig – sie machte sie sich selbst. Wenn sie zum Einkaufen geschickt wurde, zahlte sie beispielsweise dem Metzger 90 Cents für eine Kalbsschulter, schrieb einen Dollar ins Haushaltsbuch und legte sich die Differenz zur Seite. Hanne fand, sie habe sich das verdient.

Stephanie war sich nicht sicher, was sie von alledem halten sollte. Ehebruch gehörte nicht gerade zum Liebesideal, mit dem sie aufgewachsen war. Und dass manche Händler die Mädchen mit Sonderrabatten lockten, war ihr zwar auch schon aufgefallen, aber das Geld in die eigene Tasche zu stecken war ihr gar nicht in den Sinn gekommen. Eines wollte sie aber doch wissen: «Also, aber, wenn du ... äh, also wenn ihr ... also, wenn der Herr Direktor und du ... hast du denn keine Angst, schwanger zu werden?»

«Ach was!», lachte Hanne, «du solltest mal mit der Hebamme reden. Die gute Mary weiß Dinge, von denen dein Herr Doktor keinen Schimmer hat.»

Stephanie wurde rot und verzichtete darauf, genauer nachzufragen, was das für Dinge waren.

Englisch lernte Stephanie, indem sie auf dem Markt oder auf der Straße Begriffe aufschnappte. Sie las Warenschilder, Geschäftsnamen, Werbeanzeigen und Zeitungsüberschriften. Auch die Springmäuse mischten englische Begriffe munter in ihr Vokabular. Noch schneller lernte Stephanie allerdings Hochdeutsch. Viele Menschen in Defiance konnten Deutsch, und mit diesen Leuten hatte sie am meisten zu tun. Manche betonten ihre Herkunft nach Kräften. Es gab

Deutsche, die deutscher, Iren, die irischer, und Schweden, die schwedischer taten als ihre Verwandten daheim. Stephanie konnte wenig damit anfangen. Sich besonders schweizerisch zu geben, hätte ihr auch nichts gebracht, da kaum jemand wusste, was die Schweiz war.

Ihr Umfeld war nicht nur mehrheitlich deutschsprachig, sondern auch überwiegend katholisch. Die vielen religiösen Strömungen, die Flugblätter und Predigten verteilten und ihre Überzeugungen oft marktschreierisch in die Welt trugen, wirkten auf Stephanie irritierend. Die Messen in der deutschkatholischen Kirche hingegen waren angenehm vertraut. Diese lag bloß 200 Yards von der Perry Street entfernt und war der einzige Ort in der Stadt, wo alles genau so ablief, wie sie es von zu Hause gewohnt war. Frau Doktor war im katholischen Frauenverein, und ihr Mann war Kassier bei den ‹katholischen Rittern›. Dabei war Doktor Berchtold nicht einmal besonders religiös.

«Aber gerade in so einem unfertigen Land wie diesem», erklärte er einmal, «braucht jeder früher oder später Leute, auf die er sich verlassen kann. Sei's, weil er ein Geschäft eröffnet, ein Haus bauen will, oder arm, alt und hilfsbedürftig geworden ist. Und dann nützt einem die Gemeinde vor Ort sehr viel mehr als irgendein Cousin in Vermont.» Was er hingegen nicht verstand, waren die ewigen Streitereien darüber, welche Auslegung nun die Richtige, welches Gebet das korrekteste war: «Warum müssen Menschen, die vor dem Gesetz und den Zahnschmerzen gleich sind, bloß immer so tun, als gebe es vor Gott gravierende Unterschiede?»

Die Vögel zwitscherten, der Schnee schmolz, und die Flüsse traten beinahe über die Ufer: Frühling. Die Bäume blühten, und an der 318 Perry Street rutschte Stephanie auf den

Knien durchs Haus und löste die am Boden angenagelten Teppiche mit einer Zange heraus. Im Winter hatte sie die Wohnung einmal wöchentlich mit einem groben Besen gekehrt und dabei fürchterlich Staub aufgewirbelt. Jetzt trug sie die Teppiche mit Frau Doktor in den Garten, hängte einen nach dem andern über eine Stange und hämmerte den Staub mit dem Teppichklopfer heraus. Stephanie schrubbte die Zimmer, wusch die Gardinen und polierte die Fenster. Auch die Praxis hatte dringend zusätzliche Pflege nötig. Der Frühjahrsputz beschäftigte sie über mehrere Wochen, und nachts wachte sie immer wieder hustend auf.

An Ostern sah sie Tante Therese wieder, die zur großen Messe in die Stadt kam und schon wieder schwanger war. Das Zehnte, wenn alles gut ging. Stephanie konnte sich nur kurz mit der Tante unterhalten, dann musste sie wieder an die Arbeit: Die Feiertage waren für Dienstmädchen eine besonders intensive Zeit. Dafür konnte sie sich dann etwas später einen ganzen Tag freinehmen. Bei Hanne war es ebenso, und so sprachen sich die beiden ab.

«Lass uns über die Eisenbahnbrücke über den Maumee gehen!», schlug Hanne vor.

«Über die Eisenbahnbrücke?! Und wenn ein Zug kommt?»

«Dann», lachte Hanne, «springen wir in den Fluss! Ernsthaft: Da fahren vielleicht zehn Züge am Tag.»

Stephanie hatte dennoch Herzklopfen, als sie wenig später das Wasser unter sich und darin die Lastkähne und Tabakschiffe vorbeifahren sah. Die beiden schafften es aber heil auf die andere Seite, und Hanne zog Stephanie weiter zu einem Baum, den diese stets für eine wuchtige Linde oder eine Eiche gehalten hatte. Jetzt stand die Eiche in strahlender Blüte und entpuppte sich als gigantischer Apfelbaum. Den Stamm konnten die beiden auch gemeinsam nicht umfassen, und die Krone war riesig und ausladend. Stephanie staunte, blickte in die Äste, umrundete den Stamm und legte sich dann am Fuß des Riesenbaums zu ihrer Freundin ins Gras.

Mitte Mai pickte sich der Sommer mit seinem Schnabel im Gefieder herum, dann spreizte er die Flügel, flatterte, nahm zu Pfingsten einige Schritte Anlauf und hob ab. Bald wehte der Duft von Heu über die endlose Ebene und vermengte sich mit dem Rauch der Fabriken. Stephanies Tage waren unbekümmert und leicht. Defiance war nicht mehr schwierig, nicht mehr fremd und sie selbst nicht mehr permanent müde. Sie kannte ihre Stadt, ihre Rolle und ihre Aufgaben. Wenn sie nicht arbeitete, traf sie sich mit Hanne und anderen Dienstmädchen oder verbrachte noch mehr Zeit mit den Springmäusen. Diese schlossen die junge Haushaltshilfe ins Herz, gehorchten fast immer und besonders für Rosa war Stephanie wie eine sieben Jahre ältere Schwester. Übermütig kürzte sie ihren Namen zu ‹Fanni› ab und als sie zum Geburtstag ein Fahrrad geschenkt erhielt, bestand sie darauf, dass auch Fanni lernen musste, wie man damit fuhr. Als sie es dann einigermaßen beherrschte, war Stephanie ziemlich euphorisch und schrieb abends in einem Brief an Babette, dass sie nie gedacht hätte, dass sie eines Tages lernen würde, wie man so eine vornehme Maschine fuhr.

Besonders glücklich war Stephanie, wenn sie zur Bank gehen konnte, wo sie etwa alle zwei Monate Geld in die Schweiz überwies. Das heißt: Sie schickte es Louis. Der hatte inzwischen in Basel die Ausbildung zum Buchbinder begonnen, holte das Geld jeweils von seiner Bank ab und steckte es der Mutter zu, wenn der Vater gerade nicht da war. Mama bedanke sich in ihren Briefen immer umständlich dafür. Außerdem berichtete sie, was die Geschwister und weitere Verwandte taten, wer wen im Dorf geheiratet hatte, wer geboren und gestorben war, dass ein Zug der Birsigthalbahn einen Dreispänner überfahren hatte, dass Louis mit Freunden den ‹Oberwiler Turnverein› gegründet und dass man den Schweizer Juden das Fleischessen verboten hatte. Auch der Vater habe über das Schächtverbot abstimmen wollen, habe an dem Sonntagmorgen dann aber solche Kopfschmerzen gehabt, dass er es nicht zum Wahllokal schaffte.

Auch mit Babette hielt Stephanie einigermaßen Kontakt. Die schrieb dann eines Tages, dass sie schon gar nicht mehr so recht wisse, wie Stephanie aussehe. Also ging diese zu Mister Beardsley in die Jefferson Street und ließ ein Porträt machen. Allerdings retuschierte der Fotograf das Bild so stark nach, dass Stephanie einen unnatürlich leblosen Ausdruck erhielt und Babette nach Erhalt des Bilds mit gespielter Überraschung zurückschrieb, sie hätte nie gedacht, dass Stephanie sich in Amerika in ein Porzellanpüppchen verwandeln würde. «Pass auf, dass du beim velozipedieren nicht umfällst und zerbrichst!»

Im Juni wurde ein Stadtfest gefeiert, und Stephanie ging mit den Kindern zum Rodeo. Leo wollte außerdem unbedingt den Schiesswettbewerb sehen, Rosa die Jongleure und Finy die Gaukler und Clowns. Zünfte und Vereine paradierten mit Fahnen und Trommeln durch die Clinton Street. Die Bootsleute zogen ein Schiff auf Rädern herum, die Schmiede hämmerten Eisen auf einem Fuhrwerk, und die Brauereipferde zogen kunstvoll aufgeschichtete Bierfässer. Den größten Applaus aber ernteten eigens aus dem ‹Wilden Westen› angereiste Cowboys, die auf ihren Pferden allerhand Kunststücke zeigten. Stephanie stand mit den Kindern am Straßenrand und winkte.

Gegen Abend brachte sie die müden Mäuse nach Hause und steckte sie ins Bett. Dann traf sie sich mit Hanne und einigen weiteren Dienstmädchen am Straßenfest auf der Clinton Street. Sie verbrachten den Abend in einer improvisierten Bar, und die jungen Frauen wurden immer wieder in Gespräche verwickelt oder zum Tanz aufgefordert. Stephanie war die Sache nicht ganz geheuer, die Bar war kein Ort für anständige Fräuleins, und wenn sie jemand sah, der es Tante Therese erzählte, dann war es nicht unwahrscheinlich, dass man auch in der Schweiz erfuhr, wo sie sich gerade aufhielt. Am Fest wurden allerhand Flugblätter verteilt, und während Hanne diese ignorierte, war Stephanie froh, etwas zum Anschauen zu haben, weil sie so weniger angesprochen wurde. Am Ende des Abends hatte sie einige ziemlich irritierende Texte von religiösen Splittergruppen gelesen, dazu Streitschriften von Anti-Alkohol-Vereinen sowie ein Pamphlet für das Frauenstimmrecht.

Auch Herr und Frau Doktor gingen an diesem Abend aus. Im neu eröffneten Opernhaus hatten sie dank guter Beziehungen Karten für ein spezielles Konzert erhalten. Die beiden kamen erst nach Stephanie kichernd und verzaubert nach Hause. Die war von der Heiterkeit des Paars so angetan, dass sie in den nächsten Wochen mehrfach zufällig an der Oper vorbeikam. Das fiel einer Garderobiere auf – einem Mädchen, das mit ihr und Hanne an der Bar gesessen hatte – und die lud Stephanie ein, bei einer Probe dabei zu sein, sofern sie sich still verhalten könne. Stephanie konnte und schwelgte noch lange in den nie gehörten Klängen jenes Nachmittags.

Der sommerlichen Unbeschwertheit folgte der herbstliche Überfluss. Tag um Tag brachten die Farmer der Umgebung ihre Güter zum Bahnhof und an den Hafen. Es gab Erntefeiern, und im Garten der Berchtolds vertilgten die Wespen überreife Zwetschgen. Die Nächte wurden langsam länger und die Tage kühler und unter den Männern begann sich eine eigenartige Unruhe auszubreiten: Amerika steuerte auf Präsidentschaftswahlen zu.

Im Herbst 1892 bestimmten die USA einen neuen Präsidenten. Zur Wahl standen Benjamin Harrison und Grover Cleveland – der Amtsinhaber und sein Vorgänger. Der Wahlkampf drehte sich um Zölle und Geldsysteme und war ausgesprochen langweilig. Das heißt: bis Doktor Berchtolds Papagei eingriff. Denn Anton Berchtold unterstützte den demokratischen Kandidaten und hatte Edgar beigebracht, «Hooray for Cleveland!» zu krächzen. Das tat dieser denn auch sehr enthusiastisch von seinem Plätzchen im Vorgarten aus, als eines Tages eine junge Republikanerin an der Praxis vorbeikam. Sie konterte Edgars Ausruf mit einem beherzten «Hooray for Harrison!». Als guter Papagei ließ sich Edgar davon aber nicht beeindrucken und krächzte ein weiteres Mal «Hooray for Cleveland!», woraufhin die Frau noch lauter «Hooray for Harrison!» ausrief. Die ersten Passanten wandten die Köpfe, und Edgar und die Republikanerin gerieten in einen wundervollen Streit. Schließlich musste die Frau aufgeben; einerseits gingen ihr die Argumente aus, andererseits konnte sie vor Lachen kaum noch «Hooray for Harrison!» rufen. Sie gratulierte Doktor

Berchtold zu seinem Papagei und zog ihres Weges. Edgar gewann den Disput – und Cleveland später die Wahl.

Leider fiel Doktor Berchtolds Engagement auf ihn selbst zurück. Vor der Wahl hatte er viele Abende leidenschaftlich vor Bars und Saloons debattiert. Im September, im Oktober, im November. Dabei hatte er sich eine Grippe geholt, um die er sich nicht weiter kümmerte. Er schleppte die Krankheit durch den November mit, im Dezember griff sie die Lungen an.

Die Krankheit verlief zäh, widersprüchlich und abwärts. Nach einigen schlechteren Tagen stand Anton Berchtold am 20. Januar auf, und Stephanie machte ihm eine Tasse Tee, die er am Stubentisch trank. Dann legte er sich auf die Couch. Seine Frau war dabei, das Zimmer aufzuräumen, als sie bemerkte, wie er den Kopf nach ihr wandte. Sie ging zu ihm hin, dachte, dass er ihr vielleicht etwas sagen wollte, doch stattdessen spitzte er die Lippen für einen Kuss, den sie ihm lächelnd gab. Dann schloss er die Augen und war nicht mehr ansprechbar. Kurz darauf hörte er zu atmen auf.

Frau Doktor schickte Stephanie aus dem Zimmer. Die setzte sich in die Küche und hielt inne. Dann informierte sie den Sargmacher, den Pfarrer, die Nachbarn, den Friedhofsgärtner. Der hackte eine Grube in die gefrorene Erde, und zwei Tage später wurde Doktor Berchtold bestattet. Stephanie stand den Springmäusen bei, so gut sie konnte.

Als sie das Grab einige Wochen später mit den Kindern besuchte, hatte der Steinmetz ein Grabmal aufgestellt, in das eine nüchterne Zeile gemeißelt war: ‹Dr. Anton Berchtold. Geboren 19. Dezember 1852 in Sarnen, Obwalden, Schweiz. Gestorben 20. Januar 1893.› Und dann folgte mit naturwissenschaftlicher Präzision das Fazit: ‹40 Jahre, 1 Monat, 1 Tag.›

Die Kinder waren geschockt, tieftraurig und verstört. Rosa wurde sehr anhänglich, Finy heulte sich in den Schlaf, Leo machte wieder ins Bett und Miny jammerte über Bauchweh. Frau Doktor war erschüttert, deprimiert und obendrein ärgerlich. Dass ihr Mann sie wegen der Politik im Stich ließ, verzieh sie ihm nicht. Stephanie war nun mehr Familienmitglied als Hausangestellte. Sie kümmerte sich um die Kinder und den Haushalt, während Frau Berchtold Rechnungen, Bankgeschäften und den Hinterlassenschaften aus der Arztpraxis nachging. Eine schmerzhafte Lücke klaffte, und in dieser gähnte die Frage, was Josephine Berchtold nun mit ihren vier kleinen Kindern und ohne Ehemann tun sollte.

Wenigstens bestand kein finanzieller Druck. Anton Berchtolds Lebensversicherung zahlte 10 000 Dollar aus, eine sehr ansehnliche Summe, die Frau Doktor zur ‹Defiance Savings Bank› brachte. Außerdem waren noch viele Rechnungen von Patienten einzutreiben. Vorerst war für die Familie gesorgt. Aber was sollte später geschehen? Die Kinder waren noch weit davon entfernt, ihr eigenes Geld verdienen zu können. Eine neue Heirat war für Josephine Berchtold kein Thema, außerdem war sie mit vier Kindern im Gepäck auch keine besonders gute Partie. Sie überlegte noch, ob es nicht besser war, reich heimzukehren als arm weiterzumachen, als ein weiteres Unglück zuschlug: Anfang Mai stellte die Bank ihre Zahlungen ein, und die 10 000 Dollar waren verloren.

*

«Anfang Mai stellte die Bank ihre Zahlungen ein, und die 10 000 Dollar waren verloren», schreibt Stephanie in ihren Erinnerungen. ‹Bitte, was?›, fragte ich mich, ‹warum stellt eine Bank einfach so ihre Zahlungen ein?› Ich habe einige Zeit gebraucht, bis ich herausgefunden habe, was passiert ist: 1893 brach in den USA eine Wirtschaftskrise aus. Auslöser waren die Eisenbahnen. Bahnen waren eigentlich ein sicheres Geschäft, sie waren nützlich, machten hohe Renditen und daher baute man immer mehr davon. Amerika war das Bahnland schlechthin, und allein zwischen 1880 und 1890 wuchs das Schienennetz von 150 000 auf 263 000 Kilometer. Man baute, wo die Nachfrage groß war, und anschließend baute man dort, wo sie nicht mehr so groß war, und schließlich ging es schief.

Am 23. Februar ging die ‹Philadelphia & Reading Railroad Company› bankrott. In Defiance interessierte das niemanden, Philadelphia war 500 Meilen weit weg. Doch im Lauf des Frühlings folgten weitere Bahngesellschaften, und am 8. Mai sprinteten die New Yorker Aktienhändler durch die Börse, schrien sich Verkaufsbefehle zu und fuhren sich mit den Händen übers erschrockene Gesicht. Bisher war es eine Eisenbahnkrise gewesen. Jetzt kamen die Banken dran.

Die Krise von 1893 war die kleine Schwester der ‹Großen Depression›. Aber während es aus den 1920er-/1930er-Jahren unzählige Bilder und sogar Filme gibt, ist die 1893er-Krise wenig bekannt. Dabei war sie beinahe genauso schlimm. 80 Bahngesellschaften waren am Ende, 500 Banken gingen bankrott, 15 000 Unternehmen in den Konkurs. Und statt die Staatsausgaben zu erhöhen, wie man es heute tun würde, hat Präsident Cleveland an der Sparschraube gedreht. Die Arbeitslosigkeit stieg auf 20 Prozent, in New York gar auf 35, in Michigan auf 43. Kirchen richteten Suppenküchen ein, Wohltätigkeitsvereine veranstalteten Bazare, und Frauenzirkel strickten für Obdachlose.

Josephine Berchtold hatte keine Zeit zum Stricken. Sie hat um ihr Erspartes gekämpft. Mit Freundlichkeit, Drohungen und juristischen Prozessen – aber ohne Erfolg. In Defiance machte sich Stille breit. Es waren weniger Leute unterwegs, und die, die es waren, palaverten nicht mehr. Vor den Saloons blieben die Männer auch tagsüber sitzen, ihre Hemden wurden speckig, und die Streitereien nahmen zu. Bald standen die ersten Häuser leer, und in den Zeitungen wichen die Texte den Zahlen.

Stephanie besorgte den Haushalt, kümmerte sich um die Kinder und putzte die Apparaturen der Praxis für den Verkauf. Vor lauter Arbeit hätte sie fast nicht mitgekriegt, wie das Pulverfass in der Kettenring-Villa explodierte. Hannes Affäre flog auf, Kettenring hielt zu seiner Frau, gelobte Besserung und entließ das Dienstmädchen. Hanne und Stephanie verbrachten einen letzten traurigen Abend, dann reiste Hanne nach Wisconsin, wo sie entfernte Verwandte hatte.

Frau Doktor musste ihr Geld schließlich aufgeben. In einem kurzen Brief bot Josephines Vater an, für die Kosten der Rückreise aufzukommen. Daraufhin wurde das Haus weit unter seinem Wert verkauft und die sorgsam geputzten Instrumente beinahe verschenkt. Die Kinder waren niedergeschlagen, besorgt und misslaunig. Sie hatten keinerlei Lust, in ein fremdes Land zu ziehen. Besonders Rosa schluchzte, weil sie ‹Fanni› in Ohio zurücklassen musste. Stephanie drückte die Springmäuse am Bahnhof der Reihe nach an sich, gab der Frau Doktor die Hand und winkte dem Zug hinterher, bis er in der Ferne verschwunden war.

«Eines muss ich jetzt doch noch wissen», bemerkte Dianne, «dass du so viel über Stephanie weißt, verstehe ich ja, aber wieso weißt du all diese Details über die Berchtolds?»

«Oh», antwortete ich, «das ist wegen dem Hotel.»

«Welchem Hotel?»

«Der ‹Krone› in Kerns.»

Sie schaute mich verständnislos an. «Das klingt, als bräuchte ich jetzt einen Kaffee.»

Wir setzten uns in den Pausenraum der Bibliothek, und ich begann zu erzählen: «In Stephanies Bericht gibt es eine Zeile, die mich von Anfang an irritiert hat. Zur Heimkehr der Berchtolds in die Schweiz. ‹Frau Doktors Vater›, schreibt Stephanie, ‹kaufte ihr dann das Hotel Krone in Kerns, wo sie wieder ein Auskommen hatte.› Wie bitte? Der alte Mann kaufte Josephine einfach mal schnell ein Hotel? In einem flüchtig dahingeschriebenen Nebensatz?»

«Also hast du dort angerufen.»

«Ich habe mich nicht getraut», gab ich zu. «Das Ganze ist über hundert Jahre her, der Besitzer hat sicher tausendmal gewechselt. Ich fand lange nichts über die Berchtolds – bis ich die Namen der Springmäuse und ‹Defiance› in die Suchmaschine tippte. Dann landete ich auf einer Website, ‹www.ulseiler.ch›, die nur schon optisch als Relikt aus den 1990er-Jahren zu erkennen war. Ulrich Seiler teilte Ferienfotos, nützliche Links und Rezepte. Eines davon war ein Brownie-Rezept, das er seiner Großmutter widmete: ‹Rosa Seiler-Berchtold, die als Kind zwölf Jahre in Defiance gelebt hat.› Treffer!»

«Du hast also einen Nachkommen gefunden.»

«Leider nein. Ulrich Seiler war spurlos verschwunden. Später erfuhr ich, dass er viel zu jung gestorben war. Aber jede Website gehört jemandem, und man kann herausfinden, wem: Alexandre Seiler, wohnhaft in Bern. ‹Lele›, wie er genannt wird, fand ich auf Facebook und schrieb ihm eine Nachricht. Vom Papagei seines Vorfahren, von Defiance, und ich fragte ihn, ob er noch etwas von der alten Geschichte wisse. Lele reagierte begeistert, wir telefonierten auch mal kurz, aber dann versandete der Kontakt. Ich beschloss, ihn in Ruhe zu lassen – ich musste ja nichts erzwingen.»

«Das kann nicht das Ende sein.»

«Nein. Ein halbes Jahr später traf ich mich mit Berner Stadtführern. Das ist so ein Hobby von mir, und wir trafen uns in einer Kneipe, die ich sonst meide. Eine Spelunke mit Fumoir. Und in diesem Fumoir saß Lele vor einem großen Bier und paffte – sein Lockenkopf sah in echt genauso aus wie auf Facebook. Ich ging zu ihm hin, und wir verbrachten die nächsten beiden Stunden umnebelt von Rauch, Alkohol und einem totalen Geschichts-Flash. Nun wusste ich auch, warum es beim ersten Mal nicht geklappt hatte: Leles Herz ist sehr viel grösser als seine Agenda. Anders gesagt, er ist ein liebenswürdiger Chaot. Und dieser Chaot konnte das Rätsel mit dem Hotel endlich auflösen. Der Schlüssel hieß Franz-Josef Bucher. Josephines Vater war ein Hotel-Pionier. Er war Gründer und Besitzer der ‹Palace›-Hotels, hatte luxuriöse Häuser in Engelberg, Luzern, Rom, Genua und später sogar in Kairo. Er hat zudem mehrere Bergbahnen gebaut und war der erste Millionär im Kanton Obwalden. Es gibt sogar ein Foto, auf dem er lässig hinter einem Stapel Geld sitzt. Bucher spielte in einer ähnlichen Liga wie Ritz oder Hilton – so einer kaufte die ‹Krone› in Kerns tatsächlich mal eben im Vorübergehen.»

«Wow. Unsere Frau Doktor kam also aus richtig gutem Haus! Aber wie hat sie dann Doktor Berchtold kennengelernt?»

«Auf dem Bürgenstock. Das ist ein Berg über dem Vierwaldstättersee, der so steil ist, dass unser Hotel-Pionier nicht nur eine Bergbahn gebaut hat, sondern auch einen Lift. Das Hotel dort oben führte Josephine mit ihren Brüdern. Und Anton Berchtold hat als junger Kurarzt die Gäste betreut. Mir wurde erst mit der Zeit klar, was das bedeutete.»

«Sie hat heruntergeheiratet.»

«Richtig. Sie hätte leicht eine bessere Partie haben können, aber sie wollte Anton. Und das heißt: Der Doktor und seine Frau haben sich geliebt! Was für ein Kontrast zur verkorksten Ehe von Stephanies Eltern! Wie komplett anders muss der Umgang an der Perry Street gewesen sein als an der Schulgasse! Was für eine Inspiration müssen die Berchtolds für Stephanie gewesen sein!»

«Du könntest recht haben», erwiderte Dianne, «schau dir mal diesen Zeitungsartikel an. Den habe ich heute früh gefunden. Ein Nachruf auf Doktor Berchtold aus dem ‹Ohio Democrat›. Besonders den Abschnitt hier musst du lesen, seine letzten Stunden im Wohnzimmer – mit einem filmreifen, romantischen, allerletzten Kuss.»

Ich las die Passage, und Dianne holte sich noch einen Kaffee.

«Was hat dir dein neuer Freund denn über Rosa erzählt?»

«Nun, die war in Obwalden zuerst einmal eine kleine Sensation. Denn die Zwölfjährige hat ihr geliebtes Fahrrad mit in die Schweiz genommen. Es dürfte eines der ersten Räder im Kanton gewesen sein.»

«Ihr Schweizer scheint irgendeinen unerklärlichen Drang zu haben, Fahrräder über den Atlantik zu schleppen», zwinkerte Dianne.

«Auch Rosa stieg ins Hotelgeschäft ein. Sie hat den ‹Hirschen› in Sarnen geführt und, als sie alt wurde, hat sie einen Kiosk betrieben. Zudem hielt sie ihr ganzes Leben lang Briefkontakt mit Freundinnen in Defiance. Sie hat ihren Kindern und Enkeln viel von dort erzählt und hat auch ‹Fanni› immer wieder erwähnt. Und als ihr Enkel Ulrich als Indianer an die Fasnacht gehen wollte, legte sie ihr großmütterliches Veto ein und sagte: ‹Indianer werden nur abgeknallt. Der Bub geht als Cowboy!›»

Wir lachten beide, aber dann fiel Dianne etwas ein: «Rosa hatte Jahrgang 1881, richtig? Dann war sie neun, als die Schlacht von Wounded Knee stattfand – das war die letzte, bittere Niederlage der Ureinwohner in den Indianerkriegen. Die Sache wurde im ganzen Land ausführlich und sehr emotional diskutiert.»

«Das erklärt wohl den Kommentar. Aber die Geschichte ist noch nicht fertig. Von Lele erhielt ich auch die Koordinaten von Bruno Berchtold, der sich ausgiebig mit der Geschichte seiner Familie beschäftigt hat. Ich telefonierte mit ihm, und wenige Tage später bekam ich eine E-Mail. Mit Zeitungsartikeln, Stammbäumen – und mit Fotos. Ich öffnete die Datei und sah zuerst ein Bild von Anton und Josephine – und dann eines von den vier Springmäusen, aufgenommen 1893 in Defiance. Das musst du dir mal vorstellen, Dianne! Ich hatte Gänsehaut am ganzen Körper. Mit einem Mal war ein Fenster aufgestoßen worden, war eine Verbindung entstanden, die mehr als ein Jahrhundert zurück und zehntausend Kilometer westwärts reichte! Hier saß ich in meiner Berner Wohnung und blickte in die

Augen der Kinder, auf die Stephanie vor 125 Jahren jenseits des Atlantiks aufgepasst hatte. Was für ein sagenhafter Moment!»

Sie betrachtete mich nachdenklich. «So langsam verstehe ich, warum du Verrückter übers Meer gefahren bist, um der Geschichte nachzugehen.»

Am nächsten Tag packte ich meine Taschen, zog meine Radfahrerklamotten über und pedalte ein letztes Mal zur Bibliothek. Ich verabschiedete mich von Dianne und wenig später kurvte ich über die Felder. Beziehungsweise: Ich kurvte natürlich nicht, sondern fuhr schnurgeradeaus. Nur hie und da machte ich einen rechten Winkel und so gelangte ich zu dem Ort, wo Tante Thereses Farm gestanden haben muss. Heute stehen da immer noch einige Gebäude, aber eine Farm ist es längst nicht mehr und die Leute, die ich traf, hatten von den Verhältnissen vor 120 Jahren verständlicherweise keine Ahnung. Meine Blicke schweiften über die Felder: konturlose Mais-, Weizen- und Sojaplantagen. Ich bedankte mich und zog weiter.

Plötzlich kam ich mir albern vor. War es denn überhaupt wichtig, wo die Farm genau gestanden hatte? Meine Reifen rollten geradeaus, aber meine Gedanken schweiften ab. Geburtsdaten, Stammbäume, der Ort eines Hauses oder die Passagierliste der ‹Westernland›: Harte Fakten waren vergleichsweise leicht zu finden – wirklich schwierig sind die weichen. Im Studium hatte ich mal ein Buch gelesen, in dem ein Historiker mit riesigem Aufwand das Leben eines Mannes rekonstruiert hatte, von dem es keine direkten Quellen gab, ein Holzschuhmacher aus dem 17. Jahrhundert. Er fand heraus, wo er gewohnt hatte, bei wem er verschuldet war, in welchem Wald er das Holz für seine Schuhe geholt hatte.

Aber trotz aller historischen Kunst war das Buch ein kompletter Reinfall, denn als Mensch blieb der Holzschuhmacher unauffindbar. War er jähzornig oder charmant? Ein guter Ehemann? Zu den Kindern gerecht und mit den Nachbarn großzügig?

Wollte ich Stephanie als Person auf die Spur kommen, dann war der Standort der Farm nicht entscheidend. Viel wichtiger waren ihre Erlebnisse und Berichte, wie sie mit ihren Mitmenschen umgegangen war und welche Entscheidungen sie getroffen hatte.

Nach Doktor Berchtolds Tod erhielt sie einen Brief von Onkel Gabriel. Der Pfarrer sprach der Familie sein Beileid aus und bot Stephanie an, sie könne nun seine Haushälterin werden. Sie hätte fast das Doppelte verdient, aber sie ließ ihn mehr als ein Jahr warten. Erst, als die Springmäuse zurück in die Schweiz gereist waren, bestieg auch sie einen Zug und fuhr in Richtung Norwalk.

Ich erreichte Norwalk am späten Nachmittag, suchte die Kirche, fand das Pfarrhaus und klingelte. Ein Mann um die 40 öffnete; er stellte sich als Father Bill vor und war sichtlich in Eile. Er war gerade am Kochen, erwartete wichtigen Besuch und war viel zu spät dran. Schnell skizzierte ich ihm eine Kurzversion meiner Geschichte. «You will want to talk to Jack Shaffer», sagte er, zückte sein Telefon, informierte den Mann und erklärte mir den Weg nach Peru. Eine halbe Stunde später kam ich dort an.

Peru war kein Dorf. Das Wort ‹Gegend› trifft es vielleicht, oder besser noch: ‹Landstrich›. In einem weitläufigen, flachen Gebiet standen weit verstreute Farmen. Ungefähr in der Mitte verlief eine von vielen kleinen Landstraßen, und an dieser stand eine kleine Kirche. Links daneben ein leerstehendes Schulhaus, rechts ein Pfarrhaus, ebenfalls ungenutzt, und drum herum: nichts. Die nächste Farm war hunderte Meter entfernt. Ich fand Jack ein gutes Stück hinter dem Pfarrhaus. Ein schlaksiger Achtzigjähriger mit schlohweißem Haar, blauem Overall und unbändiger Energie. Er mähte den Rasen, stutzte die Hecken und hatte auf der Ladefläche seines Pick-ups Berge von Werkzeugen geladen. «So, you're looking for Father Blaser», begrüßte er mich, reichte mir seine kräftige, alte Hand und sagte, ich solle mich ungeniert umsehen. Ob es denn hier so etwas wie ein Archiv gebe, wollte ich wissen. «Natürlich», antwortete Jack und führte mich ins Pfarrhaus. «1920er», sagte er entschuldigend. «Das Haus, in dem deine Urgroßmutter gekocht hat, wurde abgerissen.» Das ‹Archiv› war kein Raum, sondern ein dicker, überquellender Ordner. Immerhin. «Ruf mich, wenn du was brauchst», meinte Jack und verschwand. Ich begann zu blättern.

Peru war wegen einer Panne gegründet worden. Deutschsprachige Siedler waren vorbeigezogen, als im Sumpf ein Rad brach. Vor dem Winter schafften sie es nicht weiter und so bauten sie erste Hütten und begannen, das Gebiet zu entwässern. Schließlich blieben sie. Den Namen Peru wählten sie, weil ihnen der Klang gefiel. Womöglich wussten sie nicht einmal, dass es ein Land mit diesem Namen gab.

Ich blätterte weiter und fand ein Foto des Pfarrhauses zu Stephanies Zeit: ein Backsteinhäuschen mit zwei Etagen, hohen Fenstern und vor dem Grundstück stand ein weißer Zaun. Dann kamen die Akten vom Umbau der Kirche: Rechnungen, Pläne, Zeitungsartikel. Eine Zeichnung zeigte den Innenraum der Kirche, bevor Stephanies Onkel das Gebäude renoviert hatte. Ein hübscher, aber einfacher Raum. Draußen wurde es langsam Abend. Ich stand auf und suchte Jack, der gerade dabei war, sein Werkzeug zusammenzuräumen.

«Sag mal, stört es dich, wenn ich hier übernachte?»

«Feel free. Im Pfarrhaus ist ja genügend Platz.» Er nahm den Hut vom Kopf und zog seine Arbeitshandschuhe aus. «Hast du sonst noch eine Frage?»

«Ja. Sag mal, wie muss ich mir das wohl alles mit der Religion damals vorstellen? Ich frage mich, welchen Bezug Stephanie dazu hatte.»

«Und?», fragte Jack zurück, «was denkst du?»

«Ich denke, dass schon ihre Mutter tief religiös war und dass sie damit aufgewachsen ist.»

«Und was noch?»

«Dass sie in einer Welt ohne Impfungen und Penicillin gelebt hat. Einer Welt, in der man enorm vieles nicht in der Hand hatte und aus den lächerlichsten Gründen sterben konnte.»

«Erkältungen, Wundbrand, Schwangerschaften», nickte Jack.

«Genau, da konnte etwas göttlicher Beistand gewiss nicht schaden. Außerdem bot die Kirche ja Musik, Kunst und Geselligkeit, alles umsonst und sogar für Dienstmädchen zugänglich. Leute der Kirche kümmerten sich um Arme, Alte und Kranke, und als Stephanie in Amerika ankam, waren da Menschen, die sagten: ‹Du bist eine von uns, du gehörst hier dazu.› Außerdem bietet Religion ja auch Orientierung. ‹Tu das, dann bist du bei den Guten›, das ist mal eine Ansage. Und dann der Weihrauch, die Gesänge, die Rituale: Dieses Sinnliche müsste ihr auch gefallen haben. Oder was meinst du?»

Jack schmunzelte. «Ich meine, dass du gerade versuchst, Musik als eine Ansammlung von Noten zu verstehen. Außerdem hast du zwar den ganzen Nachmittag alte Dokumente studiert, aber du hast dir noch gar nicht angesehen, was dein Ururgrossonkel hier wirklich gebaut hat.»

Er hatte recht. Ich ging hinüber zur Kirche, drückte die Klinke des Hauptportals und trat ein. Rotes Dämmerlicht fiel durch die hohen Fenster. Ich tat einige Schritte in den Raum, dann wurde mein Blick nach oben gezogen.

Jack war gegangen. Ich setzte mich auf die Treppe vor dem Pfarrhaus und blickte über die Felder. Früher mussten die Äcker viel kleiner gewesen sein und der Weizen höher, und über diesen Feldweg dort musste Stephanie zum Kräuterbauern geeilt sein. In dieser Kirche hatte sie täglich gesessen, und wo jetzt das neue Pfarrhaus stand, stand früher das alte, das von der Fotografie, in dem sie gewaschen, geputzt und Käseschnitten gekocht hatte.

Mit einem Ruck stand ich auf. Langsam ging ich über das Gras. Hier war sie herumgeeilt, hier hatte sie getanzt, auf diese Landschaft hatte sie geblickt, wenn sie Briefe schrieb, und so wie der Wind gerade aus Nordwesten über die Felder blies, hatte er schon damals das Wetter herangetragen. Was waren schon 120 Jahre für den Wind? Stephanie war hier Teil einer winzigen Gemeinde gewesen. Hier hatte sie mit ihrem Onkel gewohnt, hatte ihn gepflegt, als er krank wurde, hatte den Garten bestellt und den Nachbarn bei der Ernte geholfen. Mir wurde mulmig. War es nicht anmaßend von mir, so in ihrem Leben herumzuwühlen? Welche Berechtigung hatte ich, hier zu sein? Und was ging mich ihre Geschichte überhaupt an?

Ich ging noch vorsichtiger über den Rasen. Die Sonne war längst verschwunden, mein Fahrrad ein Schatten am Straßenrand. Nein. Ich würde nicht im Pfarrhaus übernachten. Ich ging zu meinem Rad und klaubte meine Taschenlampe hervor. Dann schob ich es ein gutes Stück weiter weg, packte mein Ein-Mann-Zelt aus und übernachtete auf dem Feld.

Peru

Stephanie eilt aus dem Haus, weicht aus, stolpert, stürzt vorwärts und fängt sich gerade noch auf. Es gelingt ihr sogar, die Schüsseln mit dem Kartoffelsalat unversehrt ins Gras zu stellen. Sie dreht sich zu den beiden Kindern um, die verdattert auf der Türschwelle sitzen. Ob sie nicht woanders spielen können, fährt sie sie an.

Sie beruhigt sich, streift ihren Rock glatt, greift sich die Schüsseln und eilt über die Wiese zu den Festbänken. Dort wird gekaut, gelacht und geprostet, und wer die lauteste Stimme hat, erzählt die beste Geschichte. Stephanie kurvt durch die Leute, stellt die Schüsseln auf einen Tisch und verschafft sich einen Überblick. Es braucht noch mehr Wein und die Brote gehen auch schon zur Neige.

Weiter drüben werden drei Schweine über dem Feuer gegart, und unter den Tannen, am Tisch mit dem Tafelsilber, erblickt Stephanie ihren Onkel. Er ist umgeben vom Bischof, von Father Schönemann, von Großbauern aus der Umgebung und Industriellen aus der Stadt. Die Leute sind ausgelassen, die Gespräche laut und der Durst ist groß. Später soll noch getanzt werden. Ob sie dann noch die Beine dafür haben wird? Stephanie reißt ihren Blick vom Gewimmel und eilt zurück ins Pfarrhaus: Die nächsten Schüsseln müssen her.

Mit lautem Quietschen kam der Zug in Norwalk zum Stillstand. Leute eilten durcheinander, die Lok pfiff, der Zug fuhr weiter und ließ Stephanie auf dem Bahnsteig zurück. Ein alter Farmer mit kleinen Augen, windschiefem Hut, unrasiertem Gesicht und einem kurzen Zweig im Mundwinkel kam auf sie zu. «Sie sind jetzt also die Nichte vom Pfarrer?», wollte er wissen und stellte sich als ‹Bächle Arnold› vor. «Aber für die meisten bin ich einfach der ‹Kräuter-Bächle›», meinte er. «Ihr Onkel hat mich gebeten, Sie abzuholen.» Bächle hievte ihr Gepäck auf die Ladefläche seines einachsigen Karrens, und Stephanie wollte auf den Kutschbock klettern, doch der knorrige Alte wehrte ab. In der Stadt möge das ja angehen, dass man einfach so mit fremden Fräuleins herumkutschiere, «aber bei uns auf dem Land herrschen andere Sitten». Sie setzte sich auf die Ladefläche und lehnte sich gegen den Kutschbock.

Der Gaul trottete durch die Straßen. Bäckereien reihten sich an Krämerläden, Krämerläden an Kneipen und Kneipen an weitere Geschäfte. Stephanie entdeckte eine Pianowerkstatt, eine Schreibmaschinenfirma, eine Regenschirmfabrik. Vor einem Lebensmittelgeschäft brachte der Kräuterbauer seinen Karren zum Stillstand. «Hier», sagte Bächle. «Kaufen Sie sich alles, was Sie zum Kochen brauchen. Im Pfarrhaus hat's nichts.» – «Alles?», fragte Stephanie irritiert. – «Alles.» – «Nichts?» – «Nichts.»

Kurz darauf stand sie im Laden und dachte angestrengt nach. Sie besorgte Mehl, Salz, Hefe, Pfeffer und Gewürze. Dazu auch noch, was es an Gemüse gerade gab, einen Laib Brot und außerdem Käse und etwas Fleisch. Auf Milch, Mehl, Eier und Kartoffeln verzichtete sie ganz; das konnte sie bestimmt auch direkt bei einer Bäuerin bekommen.

Sie schob die Einkäufe auf die Ladefläche und setzte sich wieder daneben. Die Mittagssonne drückte die Temperaturen über den Gefrierpunkt, und das Gefährt rumpelte auf einen Feldweg. Auf kahlen Feldern pickten Krähen zwischen Schneeresten herum, das Gebiet war flach, endlos, und nur vereinzelt waren ein Hof oder eine rote Scheune zu sehen. Einmal hielt Bächle unvermittelt an, sprang vom Wagen und pflückte ein Pflänzchen vom Wegrand. «Sauerampfer», grinste er. «Gut gegen Gicht.»

Anderthalb Stunden später erreichten sie Peru. Vor dem Kirchlein standen einige Handwerker herum, andere waren auf dem halb offenen Dach beschäftigt, und vor dem Pfarrhaus diskutierte ein etwa Fünfzigjähriger mit einem Zimmermann.

«Da ist er», sagte Bächle und wies auf den Mann, der sich gerade in ihre Richtung drehte. «Das ist Ihr Onkel.»

Stephanie ergriff Father Blasers Hand und kletterte vom Fuhrwerk.

«Wie schön, dich endlich kennenzulernen!», strahlte er und fragte, ob sie gut gereist war. Ihr Onkel hatte ein breites Kinn, eine hohe, kantige Stirn und kurze, gewellte, graumelierte Haare. Zu ihrer Überraschung trug der Priester indes keinen Rock, sondern ein einfaches Jackett, eine schlichte Hose und solide Schuhe.

Er führte sie ins Haus und bat sie, über das Durcheinander hinwegzusehen. Augenzwinkernd meinte er, es müsse wohl an den Frauen liegen – er habe da einfach kein Glück. «Deine Mutter hat mich ja bereits in Kleinlützel verlassen, deine Tante kurz darauf, und die Haushälterinnen, die ich hier hatte, hatten entweder Probleme mit dem Messwein, vertrugen sich schlecht mit mir oder es ging sonst irgendwie nicht.» Und darum lebte er nun seit fünf Jahren ohne eine Frau im Haus. Und dementsprechend sah es auch aus.

Es war ein eigenartiges Treffen. In Stephanies Vorstellung hatte ihr Onkel schon immer existiert, aber nun füllte sich die Fantasie mit einem Menschen, und während sie sich über Neuigkeiten von der Familie unterhielten, suchte Stephanie in seinen Gesichtszügen, seiner Sprechweise und seinem Verhalten nach Ähnlichkeiten mit ihrer Mutter und Tante Therese. Der Onkel wusste über alle ihre Geschwister Bescheid, wusste Details aus Oberwil, ohne je dort gewesen zu sein, und war über die Familie der Tante besser im Bild als Stephanie selbst. Es war schön, wieder bei der Familie zu sein, und zugleich war es eigenartig, weil diese Familie ein völlig unbekannter, alleinstehender, knapp dreißig Jahre älterer Mann war und noch dazu ein Herr Pfarrer.

«So», meinte er schließlich, «ich habe noch einige Briefe zu schreiben, und du wirst dich bestimmt erst einmal einrichten wollen.» Er angelte eine kleine Glocke aus dem Regal. «Ich bin gewohnt, um 17 Uhr zu essen. Bitte sei so gut und läute, wenn du so weit bist.» Dann verschwand er im oberen Stock.

Stephanie sah sich um. Die Staubschichten waren noch dicker, das Geschirr noch speckiger als sie auf den ersten Blick gedacht hatte. Sie zog ihren Mantel aus, öffnete in ihrem Zimmer die Fenster und machte sich an die Arbeit. Sie heizte den Herd ein und setzte Wasser auf, fegte die Spinnweben von der Decke und putzte die Regale. Das inzwischen heiße Wasser goss sie ins Spülbecken und wusch sämtliches Geschirr, die Töpfe, die Pfannen und die Küchengeräte. Während die Sachen trockneten, verstaute sie ihre Einkäufe, wischte den Fußboden und richtete ihr Zimmer ein. Dann machte sie sich ans Abendessen. Es war Fastenzeit, und Stephanie hatte keine Ahnung, ob ihr Onkel am Mittag schon Fleisch gegessen hatte. Also entschied sie sich für etwas, mit dem sie nichts falsch machen konnte, setzte eine gusseiserne Pfanne auf den Herd und bereitete darin Käseschnitten zu. Dazu schnitt sie Äpfel und Birnen in Streifen. Dann läutete sie die Tischglocke.

Sie aß nicht am selben Tisch wie ihr Onkel. Sie wartete, bis er fertig war, und weil nichts übrig blieb, stellte sie die Pfanne wieder auf den Herd, machte sich selbst noch ein paar Käseschnitten und verzehrte ihr Abendessen allein am Küchentisch. Onkel und Nichte aßen auch später nicht gemeinsam. Denn verwandt oder nicht: Pfarrer und Haushälterin lebten in getrennten Welten. Stephanie wohnte unten und kümmerte sich um das Essen, den Haushalt, den Garten, die Wäsche, den Staub und den Alltag; Father Blaser lebte oben und befasste sich mit den Büchern, den Briefen und der Theologie. Sie nannte Father Blaser ‹Father Blaser›, er nannte Stephanie ‹Stephanie›.

Morgens begleitete sie ihren Onkel zu einer kurzen Andacht, dann bereitete sie das Frühstück und kümmerte sich ums Haus. Sie räumte Zimmer um Zimmer auf, putzte, wischte, entstaubte, wusch die Vorhänge, die Tücher, die Bettwäsche, flickte zerschlissene Stoffe und stopfte fadenscheinige Socken. Sie klopfte die Teppiche, putzte die Fenster und eroberte das Haus Stück für Stück von den Motten, Mehlwürmern und Küchenschaben zurück. Mittagessen wollte ihr Onkel keines, und so hatte sie genügend Zeit, sich auch um den Garten zu kümmern, bevor sie das Abendessen kochen musste. Es war ein neues, ein gutes Gefühl: Niemand sagte ihr, was zu tun war, sie war nicht mehr das Mädchen im Haus, sondern die Frau. Sie wusch keine dreckigen Windeln mehr, dafür die vornehmen Stoffe von Kirchengewändern und überdies verdiente sie auch noch wesentlich besser als bei den Berchtolds.

Stephanies neues Zuhause war abgelegen, aber nicht ruhig. Bei der Kirche hämmerten und sägten die Handwerker, ums Schulhaus tollten die Kinder und an die Pfarrhaustür klopften immer wieder Leute, die etwas mit ihrem Onkel besprechen wollten. Der Pfarrer war nicht nur Prediger, es gab in Peru auch keinen Bürgermeister, keine Behörden, keine Sozialarbeiterin und keinen Richter. Es gab nur Father Blaser. Und der war auch für die Sorgen des Lehmgrund-Bauern zuständig, der seine Familie kaum durchbrachte, für Witwe Walchers Angst vorm Sterben oder für den Streit zwischen dem Ott und dem Schäfer um die Grenze zwischen ihren Äckern. Als Beichtvater der ganzen Gemeinde wusste er zudem, bei wem der Herrgott noch etwas guthatte, und so kam das Geld für den Umbau der Kirche nach und nach zusammen.

Die Leute waren schweigsamer als in Defiance, rauer im Ton, und was ein ‹Street Car› war, wusste hier niemand. Dafür konnten schon Kinder Wagen lenken und reiten. Peru war eine Welt für sich. Ging Stephanie übers Land, war der Horizont oft zum-Steine-dran-Werfen nah, Pferde und Ochsen waren allgegenwärtig, nachts schrien Eulen, und in der Dämmerung raschelten Marder und Füchse im Laub. Es nachtete gerade ein, als Stephanie eines Abends in ihrem Zimmer saß und im Schein einer Öllampe einen Brief in die Schweiz schrieb. Sie stoppte an einem Komma, hob den Kopf, um einen neuen Gedanken zu fassen, und sah draußen grünglimmende Punkte. Sie kniff die Augen zusammen und spähte durchs Fenster. Dann griff sie nach der Lampe und trat vors Haus. Die Punkte waren überall. Stephanie tat ein paar Schritte ins Gras und sah, was es war: geflügelte Glühkäferchen. Zu Dutzenden, Hunderten stiegen sie leuchtend aus der Wiese, sanken lichtlos-unsichtbar zu Boden und stiegen leuchtend wieder auf. Es sah aus wie feiner, grünglimmender, langsam aufwärts fallender Regen. Der Anblick hatte etwas Magisches; Stephanie schaute gebannt und lange zu. In den nächsten Wochen wiederholte sich das Schauspiel Abend für Abend, und Stephanie sah so lange zu, bis sie sich an die Leuchtkäfer gewöhnt hatte.

Die Tage nahmen ihren zunehmend geregelten Lauf, und bald schon stand Ostern vor der Tür.

*

Zu Ostern muss ich kurz etwas einfügen, denn es war komplett anders, als ich es mir vorgestellt hatte. Sechs Tage lang (von Gründonnerstag bis Osterdienstag) wurden Messen gefeiert, und stets war mindestens halb Peru dabei. Stephanie hat fast täglich das Gästezimmer neu bereit gemacht für Priester, Mönche oder den jungen Father Schönemann aus Norwalk, die vorbeikamen, um mit ihrem Onkel die Messe zu zelebrieren – und bei einem oder zwei Krügen Wein auf das Ende der Fastenzeit anzustoßen.

Weil die Kirche noch immer im Umbau war, haben die Feiern bei schlechtem Wetter in einer nahe gelegenen Scheune stattgefunden, bei gutem wurden die Bänke nach draußen getragen und nach Osten gerichtet. Dann stellten sich Father Blaser und die anderen Würdenträger vor die Gemeinde, wandten den Leuten den Rücken zu und sprachen oder sangen ihre Gebete auf Latein in Richtung Sonnenaufgang, in Richtung Jerusalem, in Richtung Gott. Natürlich haben die Gläubigen von dem, was die Priester sprachen, auf diese Weise nichts verstanden, aber das gehörte dazu. Sie haben währenddessen Lieder gesungen oder den Rosenkranz gebetet. Wenn sie aufpassen mussten, zeigte ein Ministrant dies durch das Klingeln einer Glocke an. Nur sporadisch wandte sich ein Priester auf Deutsch an die Gemeinde, und das, hörte Stephanie ihren Onkel einmal zu Father Schönemann sagen, sollte auch so bleiben.

«Glaube kommt ja von ‹glauben›, und nicht von ‹verstehen›. Gesänge, Rituale, Bilder oder Weihrauch führen direkter zu Gott als noch so gescheite Reden.»

*

In den Messen saß Stephanie hinten links und verschwand immer wieder, um nach dem Essen zu schauen, das auf dem Herd oder im Ofen schmorte. Die Gäste ihres Onkels hatten alle staubige Schuhe, kräftige Stimmen und einen gesunden Appetit. Sie war deshalb froh, dass ihr über die Feiertage Agnes zur Hand ging und sie bei der Zubereitung der Mahlzeiten, dem Abwasch, dem Putzen und dem Polieren des guten Geschirrs unterstützte. Stephanie verstand sich gut mit der stillen, eher schüchternen jungen Frau und so holte Agnes sie nach Ostern hin und wieder mit dem Fuhrwerk ab, und die beiden fuhren in eines der Nachbardörfer, nach Norwalk oder einfach durch die Gegend. Unterwegs zeigte Agnes ihr, wie man das Fuhrwerk steuerte und dem Pferd zu verstehen gab, was es zu tun hatte. Noch lieber hätte Stephanie ja Reiten gelernt, aber das war im Rock schwierig und nicht ungefährlich.

Anfangs war sie etwas irritiert, dass Agnes so oft übers Wetter sprach. Aber dann fiel ihr auf, dass das in Peru alle taten, und zwar ausführlich und detailliert. «Schon etwas kühl für Mitte April, nicht?» – «Ja, aber vor drei Jahren war's auch so, und dann kam zu St. Georg diese Hitze. Das hat zwar dem Weizen nicht gefallen, aber der Roggen wuchs dafür umso besser.» – «Wenn wir bloß keinen Hagel kriegen wie 1887!» Schließlich dämmerte ihr, dass die Wettergespräche kein Geplauder waren, sondern Fachsimpelei. Wer sich mit dem Wetter auskannte, fuhr die größeren Ernten ein, hatte mehr Geld in der Tasche und mehr Essen auf dem Tisch. Gutes Wetter verhieß ein besseres Leben, und deshalb saßen die Farmer nie so konzentriert und andächtig in der Kirche, wie wenn Father Blaser den Wettersegen sprach; ein Ritual, das ihnen viel Sonne, genügend Regen und kein Unwetter bringen sollte.

«A Fulgure, Grandine et Tempestate!»

Regenfronten spülten den April fort, und kurz nach Auffahrt packten die letzten Zimmermänner ihre Sachen. Die Kirche war endlich bereit. Stephanie erhielt von ihrem Onkel den Schlüssel zum Hauptportal, und wenig später stand sie mit einem Besen und einem Eimer Wasser vor dem Eingang. Sie stieß die Tür auf, machte zwei Schritte hinein und blieb stehen. Durch die hohen Fenster fiel farbiges Licht, vom Altarraum leuchteten prächtige Sakralbilder, und von den Wänden blickten sie lebensgroße Statuen an. Langsam ging sie zwischen den Bänken hindurch, ihre Schritte hallten, und ihr Blick wurde wie von selbst nach oben gezogen, wo er haften blieb. Über ihr spannten sich die Bögen eines mächtigen Deckengewölbes, einer Konstruktion, die sich vernünftigerweise auf massive Säulen hätte stützen müssen. Nur dass da keine Säulen waren. Die Bögen hingen wie Tropfsteine über dem Nichts. Das Gewölbe thronte schwebend über dem Raum.

Wenig später, an Pfingsten, wurde das neue Gebäude mit Wein, Weihrauch und Gesang eingeweiht. Der Bischof kam und sprach umständlich und viel zu lang, Stephanies Onkel lobte den Einsatz der ganzen Gemeinde und Father Schönemann hielt sich dezent im Hintergrund. Auch nach der Messe dauerte es noch einen Moment, bis die feierliche Atmosphäre von den Leuten abfiel und sie sich den Bänken zuwandten, die auf der Wiese hinter der Kirche aufgestellt waren. Es wurde ein lärmiges, ausgelassenes Fest. Der Geruch von Spanferkeln zog durch die Luft, Stephanie und die Farmers-Frauen servierten allerhand Speisen, die Kinder rannten herum, und Stephanie hatte alle Hände voll zu tun. Bis in die späten Abendstunden aßen, tranken und tanzten die Leute und Stephanie lernte Agnes' Bruder Leon kennen, der nicht unsympathisch war und außerdem kein schlechter Tänzer.

In der folgenden Woche dachte sie immer wieder daran, wie sie mit ihm über die Wiese gewirbelt war. Bilder und Klänge stiegen auf, wenn sie unkonzentriert und übermüdet ihren Arbeiten nachging. Und müde war sie in dieser Woche oft. Denn um die neue Kirche richtig in Besitz zu nehmen, trafen sich die Bewohner Perus jeden Morgen um halb fünf und verbrachten so in einer Woche über vierzig Stunden im Gebet. Sogar die Zeitung in Norwalk berichtete darüber und fragte zum Schluss des Artikels spöttisch: «Will da nicht jeder sofort diesem Glauben beitreten?»

Die Konfessionen wetteiferten um die schönere Kirche, das richtigere Ritual, die besseren Gebote. Dabei kam die wirkliche Gefahr für Father Blaser am Ende gar nicht von Täufern, Methodisten oder Presbyterianern, sondern von Leuten wie Mister Melbourne.

Die ersten Plakate tauchten Anfang Juli auf. An den Straßenkreuzungen und Saloons von Norwalk und der weiteren Umgebung kündigte sich ein gewisser Frank Melbourne an – «The Ohio Rain Wizard». Melbourne war Regenmacher und demnächst, stand da, komme er in die Gegend und werde es am Sonntag 10. Juli 1894 in Norwalk und darum herum regnen lassen. 300 Dollar hatte Melbourne für den versprochenen Regen kassiert. Die Hälfte davon brachten die Bauern der Umgebung auf, den Rest finanzierte die Regenschirmfabrik. Der Sommer 1894 war ungewöhnlich trocken, eine gute Zeit also für einen wie Melbourne, der herumzog und möglichst viel Wirbel verursachte, bevor er an einem bestimmten Tag mittels spezieller Apparaturen Chemikalien verdunsten ließ, die Regenschauer provozieren sollten. Laut seinen übergroßen Werbeanzeigen funktionierte das hervorragend.

Father Blaser ließ die Plakate im Umkreis seiner Gemeinde abhängen und verbot seinen Leuten, dem Ereignis beizuwohnen. Zwei emotionale Sonntagspredigten lang sprach er von Scharlatanen, Wissenschaftlern und davon, wie falsch es war, Gott ins Handwerk zu pfuschen. Und dann sprach er zum Abschluss der Messe nochmals den Wettersegen.

Der 10. Juli kam, Father Blaser sprach nochmals über die Anmaßung des ‹Wettermischlers›, und am Nachmittag zogen sich über Norwalk dunkle Wolken zusammen. Selbst in Peru fielen einige Tropfen, aber was noch viel seltsamer war: Überraschend viele Farmer hatten an dem Tag etwas ganz Dringendes in der Stadt zu erledigen. Abends kehrten sie tief beeindruckt und leicht durchnässt auf ihre Farmen zurück. Father Blaser war alles andere als ‹amused›.

Die Hitze staute sich, die Sicht flimmerte, die Luft roch nach trockener Erde und Heu. Die Farmer schliffen ihre Sensen, und Stephanie fand, es wäre an der Zeit, sich bei Agnes zu revanchieren. Also ging sie zum Hof der Familie und bot ihre Mithilfe an. Agnes freute sich, sie zu sehen, und drückte ihr einen Rechen in die Hand. Die Männer schnitten das Gras, die Frauen rechten es zusammen und warfen es über hölzerne Gestelle, damit es schneller trocknete. Leon wirbelte mit seiner Sense durchs hohe Gras, rechts-links, mit sicherem Schwung, rechts-links, das Heu duftete, rechts-links, er zog eine Schneise, rechts-links, die Halme glitten zu Boden, rechts-links, und das Hemd spannte sich über seinen Schultern. Er war immer wieder in Stephanies Nähe, war übermütig, verschmitzt, spitzbübisch und verfügte über eine unbekümmerte Leichtigkeit.

Zum Mittagessen setzten sich alle zusammen in den Schatten einiger Ahornbäume, verzehrten Brote, Früchte, Käse und kalten Tee. Der Tag war heiter, die Familie und ihre Helfer unterhielten sich, und Agnes kam auf die neue Kirche zu sprechen und wie hübsch diese doch geworden sei. Ihr ältester Bruder, Georg, nannte sie daraufhin ein dummes Kind.

«Hätten wir diesen nutzlosen Umbau nicht bezahlen müssen», schimpfte er, «könnten wir uns jetzt eine Worfelmaschine oder eine Windfege leisten. Dann könnten wir unser Getreide selbst dreschen, selbst sieben und eines Tages sogar mahlen. Dann könnten wir gutes Mehl verkaufen statt billiger Rohware. Aber dem Pfarrer ist ja ... » Dann realisierte er, dass die Nichte des Gescholtenen in der Runde saß und brach ab.

Perplex ließ Stephanie ihre Tasse sinken. Dass nicht jeder gleichermaßen begeistert war von der neuen Kirche, hatte sie sich zwar gedacht, aber die Heftigkeit von Georgs Reaktion überraschte sie. Eine kleine Pause tat sich auf, dann griff Leon ein und wechselte das Thema.

Als sie später zurück aufs Feld gingen, wollte Stephanie von ihm wissen, was er über die Sache dachte. Leon zuckte bloß die Schultern: «Ich erbe den Hof sowieso nicht.»

Die Farmer waren angespannt, das entging auch Stephanie nicht. Peru war nicht im Zentrum der Krise, aber die Auswirkungen waren auch hier spürbar. Sonntags nach der Messe standen die Bauern herum, und während die einen nur stumm auf den Stockzähnen mahlten, lamentierten die anderen über den Zerfall der Getreidepreise und stritten über das, was in der Zeitung stand. Die berichtete wochenlang über die 500 Leute, die von Ohio zu Fuß nach Washington aufgebrochen waren, um Arbeitslosenprogramme und den Druck von Papiergeld zu fordern.

«Wenn ich davon gewusst hätte, wäre ich mitgegangen!», rief Leon. Und die Farmer von Peru diskutierten noch lauter, gestikulierten noch heftiger, als die Zeitung von 5000 Eisenbahnangestellten berichtete, die in Chicago in den Streik getreten waren. «Das einzig Richtige!», polterte Leon. «Eine Schweinerei!», hielten andere dagegen: «Wer Lohn will, soll arbeiten!» Und die Gemüter erhitzten sich erst recht, als Präsident Cleveland erst die Polizei aufbot und dann die Nationalgarde. 700 Eisenbahnwaggons gingen in Flammen auf. Dann knüppelten die Streitkräfte den Aufstand nieder.

Stephanie hatte keine Zeit für die Politik. Sonntags besorgte sie das Mittagessen, dann die Küche und dann kam Agnes, holte sie ab und fuhr sie zu einem Wäldchen, wo sie sich mit Leon traf. Agnes fuhr dann diskret weiter, und

Leon und Stephanie verschwendeten den Nachmittag mit Neckereien, Schalk und Zärtlichkeit. Einige Wochen ging das wunderbar, aber dann schoben sich die Gedanken vom Hinterkopf in den Nacken, in die Schultern, in den Rücken und verkrampften Stephanie so sehr, dass sie die Frage aussprechen musste, die ohnehin im Wald stand: Wo sollte das alles hinführen? Leon würde den Hof nicht erben, und als Knecht in Peru zu bleiben, war für ihn keine Option. Wenn sie zusammen sein wollten, mussten sie fortgehen, und Leon hatte schon eine Idee, wohin: «In Nevada gibt es Silber und in Kalifornien Gold! Wenn ich schon mein Leben lang den Boden aufhacken muss, warum soll ich dann Saat reintun, wenn ich Geld herausholen kann?» Er war lange genug in Peru geblieben, im nächsten Jahr wollte er endlich aufbrechen und sein Glück versuchen.

«Und ich?», fragte Stephanie.

«Du kommst mit!», sagte Leon überschwänglich und gab ihr einen Kuss. «Oder?»

Der Spätsommer wurde zum Herbst, und die Menschen von Peru standen von früh bis spät auf den Feldern. Stephanie kam mit dem Garten kaum nach, zudem half sie Leons und Agnes' Familie bei der Ernte. Dort schnitten die Männer das Korn, während die Frauen es vom Boden aufhoben, zusammenbanden und in die Sonne stellten. Wenn sie ihren Rücken durchstreckte, sah Stephanie meist Leon in ihrer Nähe und in der Ferne Fuhrwerke und Karren auf dem Weg in die Stadt. Dort wurde das schon trockene Getreide in den Mühlen gedroschen, gemahlen und in Säcke gefüllt, die bereits mit den Namen der New Yorker Bäckereien beschriftet waren, in die sie geliefert wurden.

Leons Idee spukte durch ihren Kopf. Es war ein versteckter Heiratsantrag, denn gemeinsam zu reisen, ohne allerwenigstens verlobt zu sein, war unvorstellbar. Was hätte wohl ihre Familie zu Hause in Oberwil dazu gesagt? Eigentlich wollte Stephanie. Es war an der Zeit, einen Schritt zu tun und eine Familie zu gründen; die meisten Paare, die ihr Onkel traute, waren jünger als sie selbst. Dann wiederum zögerte sie, schwankte. Sie genoss die Zeit mit Leon, sehr sogar, aber etwas in ihr sträubte sich gegen die Vorstellung, mit ihm westwärts zu ziehen. Könnte sie sich vorstellen, mit ihm vor Father Blaser zu treten und «Ja» zu sagen? Das war das Zweite, was sie beschäftigte: ihr Onkel. Seit einigen Wochen kam er ihr seltsam unkonzentriert vor. Und als sie gestern die Tischglocke geläutet hatte und er daraufhin nicht zum Essen gekommen war, hatte sie ihn schlafend in seinem Studierzimmer gefunden – und das mitten am Tag. Der Pfarrer wirkte kraftloser als sonst. Er aß weniger, verlor an Farbe und legte Gewicht zu. Als sie ihn darauf ansprach, meinte er erst, das wäre nichts Schlimmes. Dann schickte er sie doch zu Bächle, dem Kräuterbauern, der sie vom Bahnhof abgeholt hatte. Der Alte gab ihr eine Mischung aus frischen Birkenblättern und getrocknetem Wacholder, aus der Stephanie zweimal täglich einen Tee machte. Aber ihr Onkel wurde trotzdem matter und matter.

Stephanie dörrte Früchte und stockte die Vorräte auf, pflanzte kälteresistentes Gemüse und bereitete das Haus auf den Winter vor. Das Jahr rutschte in den November, und ins Pfarrhaus schlich sich eine Stille, die so dicht war wie draußen der Nebel. Father Blaser verbrachte die Tage im Studierzimmer, ging kaum noch aus, und sein Körper schwemmte sich auf. Sein Gesicht wurde feist, obwohl er kaum noch aß. Stephanie machte Tees, Suppen und ließ das Salz weg. Nichts half. Ihr Onkel wurde zum formlosen Schatten seines früheren Selbst. Sie machte ihm Umschläge, sie besorgte einen Gehstock und immer wieder ging sie zu Bächle. Zwei Stunden hin, zwei Stunden zurück: Eilig schreitend stieß sie Wölkchen in die Luft und fragte sich, wie sie ihren Onkel antreffen würde, wenn sie wieder zur Tür hereinkam. Am liebsten hätte Stephanie einen Arzt aus der Stadt geholt. Sie überlegte, was Doktor Berchtold wohl getan hätte, aber Father Blaser wollte von Ärzten nichts wissen. Die Frühmessen im Advent hielt er kurz und mit brüchiger Stimme, verzichtete anschließend aufs Frühstück und legte sich wieder ins Bett. Draußen dämpfte der Schnee die Geräusche, und drinnen kam es Stephanie vor, als umschließe er das Haus schon bis weit über den ersten Stock.

Kurz vor Weihnachten wendete sich das Blatt. Father Blaser kam zu Kräften, aß mit großem Appetit und hielt an Heiligabend eine ausgedehnte Predigt. Tags darauf lag er mit hohem Fieber im Bett. Stephanie machte Essigwickel und Tee und wünschte verzweifelt, sie könnte ihrem Onkel irgendwie helfen. Aber was sie auch tat, es wurde nicht besser. Die Tage siechten dahin, die Wochen vergingen kaum, und sie fühlte sich mit ihrem kranken Onkel einsamer als sie es alleine gewesen wäre. Gabriel Blaser hustete, fieberte und aß kaum noch. An einem Mittwochmorgen fand ihn Stephanie kaum ansprechbar in seinem Bett. Sie rannte nach draußen, watete durch die weiße Decke zur nächsten Farm und berichtete atemlos, wie es ihrem Onkel ging. Die Bäuerin wies sofort einen der Söhne an, das Pferd vor den Schlitten zu spannen und nach Norwalk zu fahren, um Father Schönemann zu alarmieren. Dieser kam noch am selben

Morgen. Er nahm Gabriel die Beichte ab und spendete die Letzte Ölung. Dann blieb er bei ihm, bis er am Freitag in der Nacht starb.

Stephanie kam es vor, als liefe alles an ihr vorbei. Als ob eine Geschichte an ihr vorüberziehe, in die sie nicht eingreifen konnte. Ihr Onkel wurde zurechtgebettet, in seiner Kirche aufgebahrt, und am Montag zog ein langer Tross von Schlitten in Richtung Norwalk. Dort auf dem Friedhof wurde Father Blaser bestattet. Ganz Peru war anwesend, dazu viele Leute aus der Stadt. Stephanie zählte über vierzig Droschken, mehr als ein halbes Dutzend Geistliche, und der Bischof war eigens für die Beerdigung aus Toledo angereist. Stephanie hatte kaum geschlafen, fror und war überfordert mit all den Leuten, die sich für sie als ‹die Köchin› nie interessiert hatten, die jetzt aber ihr als ‹die Familie› unbedingt kondolieren wollten. Father Schönemann stellte sich ihr zur Seite, wimmelte allzu aufdringliche Trauergäste ab und sagte: «Weinen Sie nicht, Fräulein Stephanie. Der Tod ist ein Katholik.»

Als sie einige Tage später Blumen zum Friedhof bringen wollte, stand an der Stelle im Zentrum schon ein hoher Grabstein, und bei Stephanie wich die Fassungslosigkeit endlich der Trauer. Still schluchzte sie vor sich hin. Im Umkreis von einigen hundert Meilen war Father Blaser ihre einzige Familie gewesen und abgesehen von ihrer Tante der einzige Mensch in Amerika, an den sie sich jederzeit vorbehaltlos hatte wenden können. Sie hatte seinen Tod lange kommen sehen, dem langsamen Sterben aber dennoch hilflos zusehen müssen. Nichts hatte sie tun können, um es zu verhindern, und nun war der Mann, mit dem sie fast ein Jahr zusammengelebt hatte, tot. Die Tränen verebbten, und als sich ihr Blick klärte, bemerkte Stephanie, dass auf dem Grabstein ein Gedicht eingemeißelt war, eine letzte Botschaft ihres Onkels.

«Hab ich getan, was ich gelehrt, so ist der Himmel mein. Tut ihr, was ihr von mir gehört, so kommt auch ihr hinein!»

Sie konnte nicht anders, als zu schmunzeln. Nein, Zweifel waren seine Sache nicht gewesen.

*

Mit Father Blasers Tod geschahen zwei Dinge, und das erste ist schnell erzählt: Stephanie erbte. Sie bekam 500 Dollar direkt ausbezahlt, zweitausend weitere sollten später folgen. Sie hat das Geld sofort heimgeschickt. Diesmal überwies sie es direkt nach Oberwil, denn eine solche Summe ließ sich ohnehin nicht geheim halten. Im nächsten Brief schrieb ihre Mutter dann, dass die Bank den kompletten Betrag in Silbermünzen ausbezahlt hatte, die sie dann in ihrer Schürze nach Hause trug. Ich habe den historischen Wechselkurs herausgesucht, den Betrag umgerechnet und das Gewicht der Münzen nachgeschlagen: Es waren über 2,5 Kilogramm Silber. Spätestens jetzt muss das ganze Dorf geglaubt haben, dass Stephanie reich geworden war.

Der zweite Effekt von Gabriels Tod war, dass Stephanie aus dem Pfarrhaus auszog. Zu viel hätte geschehen können, das ihren Ruf ruiniert hätte; tatsächlich oder in den Fantasien der Leute. Sie kam bei der nächsten Bauernfamilie unter, sah im Pfarrhaus sporadisch nach dem Rechten und kochte am Sonntag für wechselnde Priester, die die Messe lasen. Und sie hat sich den Kopf zerbrochen, was sie nun tun sollte.

*

Stephanie zermarterte sich die Nächte. Leons Plan, in den Westen zu gehen, war verlockend, aber er war nicht durchdacht. Größere Funde waren in jüngster Zeit ausgeblieben, und nicht alles war im Westen besser. Außerdem: Sollte sie sich einem Mann anvertrauen, dessen heiterer Charakter bei Streitereien ins Aufbrausende kippen konnte? Und wenn sie in Nevada oder Kalifornien lebte, würde sie ihre eigene Familie dann jemals wiedersehen? Die Reise in die Schweiz war von dort noch viel weiter, noch viel teurer und gewiss hätte sie ja bald auch Kinder.

Agnes meinte, sie solle auf ihr Herz hören. Das war nun auch keine Hilfe. Aber nach und nach wurde Stephanie klar, dass sie sich zu einem Ja nicht entschließen konnte – so ungern sie Nein sagte. Das sagte sie schließlich Leon. Der nahm es überraschend souverän auf und zog zwei Tage später los, ohne sich von ihr zu verabschieden.

Sie war enttäuscht und wütend. Außerdem machte sie sich Sorgen um Leon, worüber sie sich auch wieder ärgerte. «Der passt schon auf sich auf», meinte Agnes, «und über dich hinwegkommen wird er bestimmt auch – auch wenn du das jetzt nicht hören willst. Vor allem aber kümmerst du dich jetzt besser um dich selbst, statt um verflossene Liebhaber!» Da hatte sie dummerweise recht. Stephanie fühlte, dass ihre Zeit in Peru ablief. Es war Zeit für etwas Neues. Eines Sonntags im Mai las Father Schönemann in Peru die Messe. Beim Mittagessen erzählte er dann, dass er gerade von einem Kollegen gehört habe, dessen Köchin erkrankt war. «Wenn sie wollen, kann ich Sie dort empfehlen.» Das war eine Chance auf einen Neuanfang. Stephanie sagte Ja und schon eine Woche später schloss sie zum letzten Mal hinter sich die Tür der kleinen Kirche mit den farbigen Fenstern und dem schwebenden Dach. Agnes brachte sie zum Bahnhof.

*

Nach Amherst war es ein Katzensprung. Einige Stunden Fahrt, dann war ich dort. «The Sandstone Capital of the world», ließ mich eine Skulptur großspurig wissen – es war ein ziemlich verschlafenes Nest. Ich schaute mich um, fand aber abgesehen von der Stadtverwaltung kein Gebäude, das ich auf Stephanies Zeit datiert hätte. Auch die Kirche war kein Sandsteinbau, sondern ein Betonblock. Daneben stand ein Gemeindezentrum, ebenfalls aus Beton, in dem ich zwei Frauen traf. Sie boten mir Muffins an und konnten mir immerhin ein Foto von Father Romer zeigen: ein hagerer alter Mann mit kantigem Gesicht und scharfen Augen. Seine Kirche war ein schlichtes Holzhaus gewesen, kein Vergleich zu jener von Peru.

Seine besten Zeiten hatte Amherst in den 1880er-Jahren. Nach dem Brand von Chicago wurde viel gebaut, und Amherst hat bergeweise Sandstein geliefert. Umso stärker traf die Krise der 1890er den Ort. Das jedenfalls erzählten die dünnen Broschüren über Amhersts Geschichte, die ich in der Bibliothek fand. Ansonsten war da nichts, das ich mit Stephanie hätte in Verbindung bringen können. Nun, ich konnte nicht immer so viel Glück haben wie bisher. Und für ihre Zeit in Amherst hatte ich ja immer noch Stephanies Bericht.

Amherst

Ein Strand am Erie-See: Stephanie, allein. Sie zieht die Schuhe aus, die Strümpfe, geht barfuß über die kleingeschliffenen Steine, refft den Rock hoch, um tiefer ins Wasser zu waten. Sie bleibt stehen, blickt suchend zum Horizont, dorthin, wo das Wasser in die Wolkendecke übergeht. Ein Fischlein umschwimmt ihre Füße; sie bemerkt es nicht.

Ihr Gesicht wirkt verhärtet. Langsam stößt sie Luft aus, tastet mit ihren Blicken die Wolken ab, lässt sie fallen und schaut ins Wasser. Das Fischlein ist längst verschwunden. Sie ist allein an diesem Ufer, allein in Amerika. Soll sie in Amherst bleiben oder ihr Glück woanders versuchen? Nach Westen, nach Osten? Zurück nach Defiance? Oder doch in die Schweiz? Der Wind frischt auf, kräuselt das Wasser und reißt sie aus ihren Gedanken. Plötzlich nimmt sie das Kreischen der Möwen wieder wahr und ihre Füße, die schon viel zu kalt sind. Sie dreht sich um und watet langsam zurück Richtung Strand.

Stephanie kam also wieder zu einem Pfarrer. Es war eine Wahl, die keine war. Die Krise hielt unvermindert an, Stephanie hatte Erfahrung als Haushälterin und musste froh sein, überhaupt eine Arbeit zu finden. Und so sah ihr Alltag in Amherst denn ähnlich aus wie zuvor jener in Peru. Father Romer war ein hagerer 73-Jähriger, der nicht viel sprach und noch weniger aß. Der gebürtige St. Galler betreute eine mehrheitlich irische Gemeinde und lebte schon so lange in den USA, dass er sich auch mit Stephanie lieber auf Englisch unterhielt.

Ihr genügte ein Blick in ihre neue Küche, um zu sehen, wie es um die Gemeinde stand. Die Tücher waren abgewetzt, die Töpfe verbeult, aber die Messer waren die schärfsten, die sie je gesehen hatte. «Je schlechter es den Leuten geht», hatte ihr Father Schönemann einmal gesagt, «desto öfter will jemand im Pfarrhaus die Messer schleifen.» Im Dorf kam Stephanie an mit Brettern verriegelten Läden vorbei. Davor saßen verlebte Männer, tranken Fusel, kauten Tabak und blickten mit wässrigen Augen vor sich hin. Wartende ohne Hoffnung, eingehüllt in die Gerüche von Alkohol und Urin. Schmutz und Armut hatten sich in den Falten ihrer Gesichter eingenistet, und über den geschlossenen Geschäften standen die Namen der Inhaber wie auf Grabsteinen: ‹Orville Graham, stonemason›, ‹Charles Ashbacher, tools›, ‹Dwight Babbitt, sandstone-wholesale›.

Amhersts vergangenen Glanz konnte Stephanie anhand des Rathauses und einiger noblerer Häuser erahnen, der Rest aber war heruntergekommen und baufällig. Und wie es hier vor der Krise zugegangen sein musste, konnte sie sich erst nach einem Spaziergang durch die Umgebung vorstellen. Knapp außerhalb des Dorfs kam ihr ein Mann in grünlichstaubiger Kleidung entgegen, und etwas weiter draußen sah es so aus, als reckten niedrige Kräne ihre Hälse schräg über die Felder. Als sie näherkam, sah sie, dass es an der Stelle aber gar keine Felder gab. Der Boden stürzte senkrecht in die Tiefe. Ein gigantisches, rechteckiges Loch tat sich vor ihr auf. Die ‹Westernland›, die Freiheitsstatue, die Häuser von Amherst: Alles hätte im Steinbruch problemlos Platz gefunden.

Weit unten war eine Handvoll Männer dabei, weitere Quader aus dem Fels zu schneiden. Verblasste Echos rufender Stimmen und stampfender Maschinen drangen wie aus einer anderen Welt zu ihr herauf. Die Szenerie hatte etwas Gespenstisches. Die Männer wirkten verloren, unbenutzte Gerätschaften lagen herum, und die Kräne in Stephanies Nähe waren kaputt und verrostet. Was sie sah, schien ihr wie eine schwache Erinnerung an eine Zeit, als Sandstein begehrt und Amherst wohlhabend gewesen sein musste. In der jetzigen Krise aber wurde kaum noch gebaut und wenn, dann erfüllte auch eine einfache Holzwand oder eine billige Backsteinmauer den Zweck. Stephanie betrachtete das Geschehen eine Weile, dann wehte eine Böe Staub herauf. Sie schlug den Ärmel vors Gesicht, drehte sich um und ging zurück ins Dorf. Im Vorbeigehen studierte sie nochmals die Gesichter der herumsitzenden Männer. Früher einmal mussten sie staubig und verschwitzt, stolz und schön gewesen sein, dachte sie sich. Dann hustete einer und spuckte auf den Boden.

Father Romer bewahrte die Spenden der Kirchgänger in einer Schale im Schlafzimmer auf. Ein überschaubarer Haufen von Kupfermünzen. Sie solle sich davon bedienen, meinte der Pfarrer, und so machte Stephanie ihre Besorgungen mit einem großen Beutel kleiner Münzen. Damit es weniger schäbig aussah und für ein rechtes Essen reichte, legte Stephanie oft noch von ihrem eigenen Geld dazu. Wieder einmal musste sie sich neu orientieren. Hier die Maple Street, dort das Rathaus, da der preiswerte Laden von Witwe Franklin, den sie links liegen ließ, weil ihr Konkurrent McClintock eine kranke Frau hatte und sonntags in Romers Kirche saß. Amherst war überschaubar und schnell erkundet: Läden, einige Bauernhöfe, etwas Handwerk und viel verlassener Sandstein.

Ihre überraschendste Entdeckung machte sie am ersten größeren Markttag. Die Entdeckung war weiblich, trug einen grauen Blazer, einen ebensolchen Rock – und war schwarz. Natürlich sah Stephanie nicht zum ersten Mal eine dunkelhäutige Person, im Gegenteil. Im Basler Zoo hatte es unweit der Nashörner einige Zeit lang ein afrikanisches Dörflein gegeben, ein Strohhüttendorf mitsamt halbnackten, wild bemalten Bewohnern. Damals als 16-Jährige hatte sie an einem Geländer gestanden und sich gewundert. Denn wenn sie keine Tänze aufführten, taten die ‹Wilden› die meiste Zeit überhaupt nichts. Jetzt stand wieder eine schwarze Frau vor Stephanie, drehte ihr die Seite zu und kaufte Maiskolben. Als sie selbst an die Reihe kam, hatte Stephanie vergessen, was sie gewollt hatte. Stattdessen starrte sie der Frau hinterher. «She must be from Oberlin College», erklärte die Gemüsehändlerin, und als Stephanie weiter verständnislos schaute, ergänzte sie, dass die Schule im Nachbarort auch Schwarze aufnahm. Und Frauen. Und schwarze Frauen. Stephanie kaufte ein halbes Pfund irgendwas und war im Weggehen immer noch damit beschäftigt, die ‹Wilden› von damals mit der Studentin von heute unter einen Hut zu bringen.

Der Frühling stahl sich unbemerkt an Stephanie vorbei. Sie sprach nun fast ausschließlich Englisch, irgendwann dachte, irgendwann träumte sie auch in der Sprache. Sehr viel zu tun gab es nicht: Father Romers Haushalt war einfach eingerichtet und schnell gemacht. Nach der Morgenandacht bereitete sie ein kleines Frühstück zu, dann am frühen Nachmittag eine warme Mahlzeit und das war es auch schon. Auch das Waschen und Putzen hielt sich mit dem alten Mann in Grenzen. Sie hatte viel Freizeit oder besser gesagt: Sie langweilte sich. Also kam sie ins Studieren. Die Stimmung im Dorf war deprimierend, sie war unterfordert und fand keinen Anschluss. Viele junge Leute hatten den Ort bereits verlassen, und die, die geblieben waren, waren nicht ihr Typ. Sie fühlte sich fremd, deplatziert und ohne Perspektive. War dies das Amerika, von dem sie als Mädchen geträumt hatte?

Stephanie gab sich einen Ruck. Sie brachte den Haushalt in Ordnung, kochte für Bedürftige und nähte mit einer Frauengruppe Kleider für einen Wohltätigkeitsbazar. Dort freundete sie sich mit Linchen Leuenberger an, einer beinahe blinden alten Aargauerin mit gutmütigem Humor und bewundernswertem Durchhaltewillen.

Auch andere Leute sträubten sich gegen die Apathie. Einige taten sich zusammen und begannen, eine ‹County Fair› zu organisieren: eine trotzige Feier gegen die Widrigkeiten der Zeit. Stephanie freute sich auf den Tag, ein Schafsrodeo war angekündigt, Buden, Musik und Tanz. Aber als es dann so weit war, stolperte sie in gleißend schönem Juliwetter über eine lumpige Feier, an der die meisten Besucher schon am Nachmittag betrunken waren, die Musiker schief spielten und Stephanie niemanden sah, mit dem sie gerne getanzt hätte. Der Kontrast zwischen der Schönheit des Tages und der Schäbigkeit der Fair war geradezu stechend;

sie verließ das Gelände bald wieder und war abends im Bett so deprimiert wie selten zuvor. Was, fragte sie sich, tat sie hier überhaupt.

Als Linchen anderntags wissen wollte, wie die Fair gewesen war, meinte Stephanie «miserabel» und fragte, was sie an ihrer Stelle tun würde. «Kind», antwortete Linchen, «natürlich fortgehen.» – «Und wohin?» – «Das werden Sie schon selbst wissen.» Stephanie wusste es nicht, fragte sich, ob sie angesichts fehlender Stellen überhaupt gehen sollte, und machte sich das Leben kompliziert.

Der Herbst setzte ein. Mit Morgennebel und kühlen Temperaturen. Eines Morgens machte Stephanie gleich nach dem Frühstück das Mittagessen bereit und bat eine Nachbarin, es zur rechten Zeit für den Pfarrer zu wärmen. Dann schnürte sie ihre Schuhe und ging nordwärts. Eine dichte Wolkendecke überspannte das Land. Die Äpfel waren reif, aber dieses Mal lagen nirgendwo Früchte am Boden.

Nach einer guten Stunde erreichte sie das Ufer des Erie-Sees. Sie zog die Schuhe aus, kühlte ihre Füße im Wasser und dachte nach. Sie hatte sich verrannt. Gewiss, sie hatte eine sichere Stelle und eine einfache Arbeit, aber Amherst wurde ihr einfach kein Zuhause und es brachte sie auch nicht voran. Ihre Jugendfreundin Babette war inzwischen verheiratet und dreifache Mutter. Und sie? Lebte an einem Ort, wo sie nie hingewollt hatte und wo sich mit Sicherheit keine Existenz aufbauen ließ. Von einer Ehe ganz zu schweigen. Sollte sie auf Linchen hören und weggehen? Nur: wohin? Und wohin gehörte sie überhaupt? Nach Amherst nicht, nach Peru nicht mehr und in Defiance hatte sie nur noch flüchtige Bekannte. Sonst hatte sie nirgends Kontakte, und ohne diese war eine Stelle kaum zu finden. Sollte sie auf gut Glück an die Westküste ziehen? Oder in eine der Städte am Atlantik?

Oder doch wieder zurück in die Schweiz? Genau dort lag ein weiteres Problem: Wenn sie sich in Amerika niederließ, in Amerika heiratete, sah sie ihre Familie nicht wieder. Ging sie in die Schweiz und heiratete dort, sah sie Amerika nie mehr. Und apropos heiraten: Eine passende Partie war dafür auch nicht in Sicht. Babette war dreifache Mutter und sie selbst auf dem Weg zur alten Jungfer.

Es war aussichtslos: Hinter jeder Frage lauerte eine nächste. Früher hätte sie solches beim Waschen mit ihrer Mutter besprochen. Die hätte ihr gesagt, was vernünftig war. Wie es ihr wohl ging? Ob der Vater wirklich weniger trank oder ob Mama das nur schrieb, um sie zu beruhigen? Und wie sich die Geschwister wohl in den letzten Jahren gemacht hatten? Juju arbeitete inzwischen in der Malerwerkstatt und Louis als Buchbinder. Louise musste bald mit der Schule fertig sein, Marie war inzwischen elf, und sogar Elise, die sie nur als Kleinkind in Erinnerung hatte, konnte nun wohl schon einigermaßen lesen, schreiben und anständig essen. Sie strich sich eine Strähne aus dem Gesicht, watete ans Ufer und suchte ihre Schuhe.

Der Nebel setzte sich fest, der Herbst ging in Schneefall über, und Stephanies Stimmung hing tief und trüb wie die Wolken. Sie schlief schlecht ein, erwachte immer wieder, lag stundenlang wach und schrieb sich widersprüchliche Sätze ins Tagebuch. Es war ein klammer Winter, und Stephanie kam nicht voran. Spät erst, es war längst Frühling geworden, erwachte sie aus ihrer Lethargie.

Als sie auf der Schwelle zu Father Romers Studierstube stand und an den Türrahmen klopfte, wusste sie, dass sie das Richtige tat. Der Pfarrer löste den Blick von seinen Büchern und wandte sich ihr zu. Die ersten Sätze sprach Stephanie zögernd, dann brach es immer schneller aus ihr hervor. Sie erzählte vom Heimweh nach ihrer Familie, von den schlaflosen Nächten, von der Sehnsucht nach ihrer Mutter und wie wichtig die für sie immer gewesen war und wie schwer ihr Herz wurde, wenn Briefe kamen. Sie merkte, dass sie viel zu ausführlich und viel zu persönlich wurde, aber was sie beschäftigte, musste heraus, und als alles gesagt war, fragte sie endlich, ob es möglich wäre, einige Monate freizunehmen, um ihre Familie zu besuchen. Der alte Mann ließ das Gehörte kurz setzen. Gut, meinte er schließlich, sie solle sich nach einer Vertretung umsehen. Dann könne sie gehen.

Die Vertretung war leicht gefunden, und nachdem Stephanie zuvor monatelang nicht vom Fleck gekommen war, geschah nun alles beinahe über Nacht. Bei einer Reiseagentur kaufte sie sich ein Ticket nach Europa. Am 27. April 1896 war Stephanie wieder unterwegs.

*

Das war's. Ich hatte alle Stationen abgeklappert. Mehr gab es für mich in Amerika nicht zu sehen. Stephanie fuhr von Amherst in die Schweiz, und auch ich hätte nun eigentlich zurück nach New York fahren können. Aber es wäre mir wieder einmal zu schnell gegangen. Ich brauchte Zeit, um das Erlebte zu ordnen. Also beschloss ich, weiter westwärts zu fahren. Ein bisschen, um mir die Gegend anzusehen, in der Stephanie vielleicht gelandet wäre, wäre sie in den USA geblieben. Und viel mehr noch, um mir Stephanies Geschichte noch einmal durch den Kopf gehen zu lassen.

In den folgenden Wochen fuhr ich durch Indiana, Wisconsin, Iowa. Ich traf Marcus, der an einer Schule arbeitete und sagte, sein Job sei es, Fan der Schüler mit Problemen zu sein – denn deren größtes Handicap sei, dass kein Mensch an sie glaube. Ich traf Mary, die mich frisierte und danach ins Restaurant einlud, wo ich ihre Mutter, ihre Tochter und ihre Enkelin kennenlernte, sämtlichen Dorfklatsch erfuhr und anschließend durch die Bars geschleppt wurde. Ich traf Tom, Jean, Jeannie und Bill, eine Bande spätpubertärer Mittfünfziger, die Kellnerinnen bestachen, damit diese ihren Freunden die Tortenstücke direkt ins Gesicht servierten. Ich traf Dylan, der besoffen an einer Bar stand und mir erzählte, dass er gerade aus dem Knast kam, weil er betrunken Auto gefahren war. Ich traf eine Gruppe von Erntehelfern, die eigentlich Musiker waren, aber im Mais einfach besser verdienten. Wir brachen in ein Schwimmbad ein und gingen Nachtschwimmen. In einem Motel frühstückte ich mit einem Indianer, und in einem kleinen Laden traf ich wenig später einen richtigen Cowboy. Natürlich schrieb ich sofort eine Postkarte an meinen Patenjungen, um damit anzugeben. Ich traf Cannonball-Paul, der sich vor dem Aufgebot für den Vietnamkrieg versteckt hatte und seither als Alleinunterhalter durchs Land tingelte. Und ich traf Greg, der 1991 im Irakkrieg gekämpft und dort seinen besten Freund verloren hatte – und der so sehr darunter litt, dass er seither keinen Job und keine Beziehung auf die Reihe bekam und nur noch seinen Hund hatte. Vor dem Motel drehte er mit krummen, gelben Fingern billige Zigaretten und sah mit wässrigen Augen vor sich hin. Ich traf Bill, einen Zuhälter, der von seinen Drogen und seiner Eitelkeit so berauscht war, dass es ihn nicht störte, dass nur er mit mir sprach und ich nicht mit ihm. Und ich traf Ed, einen Lokomotivführer mit dem Gemüt eines Labradors, gutmütig und treuherzig, dessen Frau Sue in einem Tornado ihr ganzes Haus verloren hatte. Sie hatte in den Trümmern gesessen und sich gefreut, nochmals neu anfangen zu können. Sie hatte zu malen begonnen und nun war sie Künstlerin.

Ich fuhr durch Landschaften und fuhr durch Geschichten und je weiter westwärts ich kam, desto weitläufiger wurden die Distanzen und desto kleiner die Ortschaften. Einen Tag lang fuhr ich komplett im Regen, und einmal ging mir das Wasser aus, aber ich kam immer irgendwo an. Müde, hungrig oder durchnässt, aber am Ende fand ich stets ein warmes Essen und einen Platz für die Nacht.

Meine schönste Entdeckung war Nebraska, das sich fast endlos dahinzog. Nicht wie eine nicht enden wollende Schulstunde, sondern wie ein genüsslich vertrödelter Nachmittag. Tagelang fuhr ich unter blauem Himmel durch großzügige Landschaften und verstreute Orte und nachts schlief ich in kleinen Motels, die ihren Mangel an Komfort mit üppiger Patina wettmachten.

Ich erreichte den Platte River und fuhr gerade durch seine ausgedehnte Ebene, als hinter mir Regen aufkam und glücklicherweise auch Wind. Kräftig trat ich in die Pedale und eine Stunde später war ich etwas mehr als 60 Kilometer vorangekommen. Stundenweltrekord! Gut, der Wind hatte ein wenig geholfen. Und das Überschreiten einer weiteren Zeitzonengrenze.

Wenige Tage später erreichte ich die Rocky Mountains. Fahrradmäßig sind Berge einfach: Es geht hinauf, bis es wieder runter geht. Wind ist unberechenbar, Regen kann einen zermürben. Berge sind angenehm. Ich verfiel in einen langsamen Trott, ließ die Gangschaltung in Ruhe, hörte auf das Knarren des Sattels und das Aus und Ein meines Atems. Nach anderthalb Tagen war ich am höchsten Punkt. Von nun an ging es in Richtung Pazifik.

Heimkehr

Surreal und traumartig: Stephanie steigt in Oberwil aus dem Zug, langsam und etwas unsicher, als ob sie den Boden unter sich erst wieder ertasten müsste. Sie trägt ein helles Kleid, einen hellen Hut, zwei Frauen in schwarz folgen ihr. Staub wirbelt über den Platz, dunkle Wolken, von letzten Sonnenfetzen durchbrochen, türmen sich über dem Dorf. Die Zeit stockt. Stephanies Blick tastet sich über den Brunnen zu den Linden, zu den Dächern der Häuser und hinüber zur Kirche: Sie ist verschwunden. Stephanie hastet, erreicht den Anfang der Schulgasse, bleibt stehen, ihre Knie drohen zu versagen, als die schwarzen Gestalten zu ihr aufschließen und sich bei ihr unterhaken. Zu dritt schwanken sie auf Stephanies Zuhause zu, wo ihr Vater aus der Tür tritt und mit weit ausgreifenden Schritten auf sie zu eilt.

Stephanie saß im Zug und hatte gute Laune. Sie fuhr der aufgehenden Sonne entgegen, und der Frühlingswind blies durchs halboffene Fenster. Vorfreude stieg in ihr auf. Niemandem hatte sie etwas von ihrem Plan verraten, jedenfalls niemandem in der Schweiz. Wie Mama wohl schauen würde, wenn sie plötzlich dastünde? Hingezaubert aus Amerika? Plötzlich zurück in den Oberwiler Sträßchen, im Elternhaus, am Küchentisch ihrer Kindheit? Einen nach dem andern würde sie ihre Familie in die Arme schließen. Tränen würden getrocknet und Kaffee aufgesetzt, und Mama würde fragen, ob das auch wirklich kein Traum sei. Und dann würde sie dasitzen und erzählen, wo sie gewesen war. Von Defiance, den Berchtolds, den Springmäusen und dem riesigen Apfelbaum. Von Father Blaser, von New York, von der ‹Westernland› und den Fahrten über das Meer. Es gäbe Zwetschgenkuchen, und das Licht in der Küche wäre genauso wie früher, und die Gerüche wären die Gerüche von daheim.

Der Zug machte kaum eine Kurve. Elyria, Middleburg, Cleveland. Dann schlängelte er sich durch die Appalachen. Es wurde Abend, und Stephanie lehnte den Kopf gegen das Fenster. Wälder zogen vorbei. Pittsburgh, Harrisburg, die Nacht brach an, und Stephanie dämmerte in den Schlaf. Als sie wieder aufwachte, blendete sie die aufgehende Sonne und der Schaffner sagte, sie wären kurz vor New York. Kurz darauf ratterte der Zug an den ersten Vororten vorbei, und eine halbe Stunde später erreichte er die Endstation am Westufer des Hudson. Stephanie bestieg eine Fähre.

Sie betrat den Kai von Manhattan und tauchte in ein schrilles Durcheinander. Hochhäuser, Straßenschluchten, Kutschen, Reiter, Straßenbahnen, Dienstboten, Herrschaften, Straßenhändler, Bettler, Polizisten und lauthals schreiende Zeitungsjungen: Stephanie wimmelte ab, ignorierte, wich aus, umkurvte und bahnte sich einen Weg zur anderen Straßenseite, zum nächsten, zum übernächsten Block, wo sie stehen blieb. Sie würde sich nie an diese Stadt gewöhnen. Dennoch hatte sie sich bald einigermaßen orientiert und strebte recht zielsicher zur 39. Straße, wo ihr eine preiswerte Pension in einer sicheren Gegend empfohlen worden war. Am Empfang nahm sie sich ein Zimmer, erhielt einen Schlüssel und stellte ihr Gepäck in der Kammer ab. Sie gähnte und streckte sich, hängte ihre Jacke auf und begab sich ins Bad, das sich die ganze Etage teilte. Dort traf sie eine junge Deutsche, die sich als Eva König vorstellte und ebenfalls auf dem Weg zurück nach Europa war. Die beiden Frauen beschlossen, in einem nahen Hotel zu frühstücken, und als dort dampfend der Tee in die Tassen stürzte, erzählte Eva gerade, dass sie erst vor einem Jahr als Dienstmädchen nach Amerika gekommen war. Sie hatte sich nie recht zu Hause gefühlt und deshalb beschlossen, wieder nach Deutschland zu gehen. «Verzeihen Sie, wenn ich mich einmische», mischte sich ein älterer Herr vom Nebentisch ein, «aber fahren sie zufällig morgen mit dem Dampfer nach Antwerpen?» Wie sich herausstellte, besaß er ein Ticket für dieselbe Fahrt – und wohnte in derselben Pension. Eva und Stephanie luden ihn ein, sich zu ihnen zu setzen, und nachdem sie sich zweimal nach seinem Namen erkundigt hatten (er war komplett unaussprechlich und polnisch), beschlossen sie, ihn einfach Onkel zu nennen.

Der Onkel war ein adrett gekleideter älterer Herr, der fröhlich von einem Gesprächsthema zum nächsten hüpfte und, als sie sich von ihrem Tischchen erhoben, einen Hut aufsetzte, der aus dem vorletzten Jahrhundert zu stammen schien. Er hatte drei Jahrzehnte lang in der Nähe von New York gelebt, kannte sich in der Stadt aus und bot an, die beiden Frauen herumzuführen. Das Schiff fuhr ja erst am anderen Tag.

New York fühlte sich auch dieses Mal an wie ein nicht enden wollender Satz ohne Kommas verwirrend und wild und orientierungslos und kopfschmerzverursachend voll mit Leben und Lärm und schäbigen Vierteln wo bleiche Kinder im Straßenschmutz spielten und tote Pferde seit Tagen in der Gosse lagen wo die Gerüche beißend und die Blicke der Menschen entweder rastlos waren oder apathisch und Stephanie froh war dass der Onkel sie schnellstmöglich daran vorbeischleuste und zum Central Park strebte wo Pärchen flanierten und Verkäufer krakeelten und Artisten Applaus heischten und Polizisten auf stolzen Rössern paradierten und Stephanie und Eva und der Onkel sich im Grün etwas erholen konnten bevor sie nach Downtown Manhattan kamen wo unablässig weitere Impulse auf Trommelfelle und Netzhäute einprasselten von quietschenden Straßenbahnen ratternden Zügen klappernden Hufen knallenden Peitschen und hier ein Haus und daneben ein Hochhaus und überall Geschäfte und Läden die ausschließlich Röcke verkauften oder nur Grammophone oder nur Süßigkeiten und vor den Geschäften Schuhputzer und Scherenschleifer und an jeder Wand eine Schrift mit Werbung überall Schriften überall Anzeigen für Damenschuhe oder Rasierwasser oder Suppenwürze und in alle Richtungen stoben Menschen durcheinander und ein Karren von links und drei Arbeiter von rechts und aus dem Nichts ein Peitschenknall bis der Onkel stehenblieb und selbstbewusst grinste und eine übertrieben ausladende Geste machte und sagte: «Jetzt sind wir da.»

Sie standen vor einem Hochhaus, und Stephanie sah nicht, was daran so besonders sein sollte. Steinerne Fassade, verzierte Fenster und weit oben Kapitelle und Stuckaturen. Der Onkel sprach mit dem Portier, und dieser ließ die drei ein. Er wolle ihnen etwas zeigen, tat der Onkel geheimnisvoll. Eva sah sich unsicher um. Stephanie war vor allem froh um die Ruhe im Gebäude, witterte irgendeinen Unsinn und war gespannt, worauf die Sache hinauslief.

Der Unsinn sah aus wie ein großer Käfig, der durch die Decke stach und sich in den oberen Stockwerken fortzusetzen schien. In diesem senkte sich gerade scheppernd ein kleinerer Käfig herab, aus dem ein Mann in Pagenuniform trat. Der Onkel begrüßte ihn herzlich, nannte ihn ‹George›, und George bat die Gruppe in die Kabine. Stefanie hatte ein etwas mulmiges Gefühl und sah sich nach einem Haltegriff um. George schloss die Aufzugstür.

«Wie Fliegen», waren sich die Frauen hinterher einig. «Was für ein Abenteuer!» Dreimal waren sie zur obersten Etage und dann wieder zurück in die Eingangshalle gefahren. Jetzt waren Eva und Stephanie vor lauter Eindrücken kaum zu bremsen und überboten sich mit immer wieder neuen Beschreibungen des gerade Erlebten. Was für ein Spaß, was für ein Zaubertrick! In Sekunden ganz oben und Sekunden später ganz unten. Davon würden sie zu Hause berichten!

Gegen Abend fuhren die drei mit der Straßenbahn zurück zur Pension. Sie vereinbarten, sich kurz hinzulegen, dann gingen sie zum Abendessen in ein Lokal. Am nächsten Morgen packten sie ihre Sachen, gingen ein Stück zu Fuß und fuhren dann mit einer anderen Straßenbahn zum East River, wo vor der Brooklyn Bridge ein Schiff bereitlag. Es war die ‹Westernland›.

Stephanie erkannte das Schiff nicht auf Anhieb. Die Masten waren gekappt und die Segel verschwunden, dafür war ein dritter Schornstein hinzugekommen. Im Innern jedoch war die Zeit stehengeblieben. Die Kajüten, die Schlafsäle, die Pritschen: Alles war genau so eng, dunkel und unbequem wie bei ihrer Hinreise. Ihr schien, als sei seither noch nicht einmal gelüftet worden.

Die Fahrt begann ruhig. Anders als bei der Hinreise war Stephanie viel weniger aufgeregt, im Zwischendeck drängten sich weniger Leute, und sie konnte sich nun mit allen unterhalten. Manche kehrten zurück, andere fuhren zu Besuch in die alte Heimat und wieder andere, um Geschäfte zu machen. Stephanie, Eva und der Onkel vertrieben sich die Zeit mit Lesen, Gesellschaftsspielen und Gesprächen. Das Schiff stampfte in Richtung Osten.

Stephanie schweifte von ihrer Buchseite ab und fantasierte. Wie sich Oberwil wohl verändert hatte? Ob die alte Mühle noch stand? Oder Herrn Düblins Krämerladen? Ob der alte Düblin überhaupt noch lebte? Und der Elefanten-Fritz? Oder ob ihre Mutter nun bei diesem ‹Allgemeinen Consum Verein› des nimmermüden Gschwind einkaufte? Von dem neuen Laden hatte Mama in einem Brief berichtet. Es war einer von Dutzenden, die sie sich über die Jahre geschrieben hatten; einige hatte Stephanie wieder und wieder gelesen. Was die Mutter wohl sagen würde, wenn sie nun plötzlich wieder da wäre?

Die Schwestern hatten sich sicher am meisten verändert. Elise war nun ja schon 10, Marie 13, und Louise 15 – und die Brüder mussten erwachsen geworden sein. Eine seltsame Vorstellung: Juju, 21, half dem Vater mit der Malerei, und der unruhige Louis, 20, war nun Buchbinder, trug Manschetten und Ärmelschoner gegen die Druckerschwärze.

Wer ihr wohl als Erstes begegnen würde? Und was für Gesichter sie alle machen würden, wenn Stephanie plötzlich, einfach so aus dem Nichts ...

Die Tage waren verkürzt und dauerten trotzdem zu lange. Ungeduldig fieberte Stephanie ihrer Heimkehr entgegen. Nach sechs Tagen kam ein Wind auf, der sich deutlich von jenem der früheren Tage unterschied. Er wurde stärker, peitschte das Meer auf und wurde zum Sturm. Die ‹Westernland› schlingerte über den Atlantik. Die Mannschaft änderte den Kurs und steuerte das Schiff diagonal in die Wellen. «Treffen uns die Wellen frontal, fängt das Schiff an zu stampfen und kann zerbrechen», erklärte ein Matrose entschuldigend. «Treffen sie seitlich, können wir kippen.»

Stephanie nickte und konzentrierte sich auf ihren Bauch. Für die Passagiere war der Ritt eine Tortur. Lange Zeit hielt sie sich ziemlich gut, aber dann wurde auch sie bleich, seekrank und erbrach sich auch noch, als ihr Magen längst leer war.

Draußen lieferten sich Wind und Wellen einen wilden Tanz. Der Sturm heulte, der Regen fiel von allen Seiten, und aus allen Richtungen schoss Salzwasser empor. Die Passagiere krallten sich an ihre Pritschen, die Kinder waren an ihre Betten gebunden, Öllampen und Kerzen gelöscht worden. Es war finster und die ‹Westernland› ächzte. Aus den Tiefen des Rumpfs hörte Stephanie das panische Muhen der Kühe, links von ihr wimmerte ein Kind und rechts lag eine Frau, die immer, wenn das Schiff besonders schief stand, aufschrie: «Jetzt geht's unter, jetzt geht's unter!»

Nach drei Tagen erst beruhigte sich die See. Zittrig und mitgenommen verließen die Leute ihre Kajüten. Erleichtert, benommen und bedrückt. Denn ein Matrose war von einer Sturzwelle über Bord gefegt und ins Meer getragen worden.

Betroffen legte Stephanie einige Münzen in eine Spendenbüchse für die Frau und die beiden Kinder in Antwerpen.

Erst tags darauf flutete das Leben wirklich zurück. Die Passagiere erholten sich von den Schrecken und auf der ‹Westernland› machte sich eine erwartungsfrohe Aufregung breit. Die Ankunft stand offenbar unmittelbar bevor. Und tatsächlich: Am andern Morgen kam die Küste in Sicht, und am Mittag des 11. Mai 1896 standen Stephanie und ihre Mitreisenden wieder auf festem Boden.

Südwärts. Der Zug schnaufte durch die Ardennen. Wartezeit in Metz, dort der Abschied von Onkel und Eva, Weiterfahrt nach Straßburg, Ankunft um Mitternacht, Besichtigung der Kathedrale von außen, Abfahrt nach Basel um halb drei. Stephanie schlief, dämmerte und war aufgeregt. Sie freute sich aufs Ankommen, aufs Heimkommen, fieberte ihrer Überraschung entgegen. Gegen sechs Uhr früh kam der Zug in Basel an. Endlich. Der alte, vertraute Bahnhof, die Gleise, die Schalterhalle und wie das Licht fiel. Stephanie musste ihr Gepäck am Zoll zurücklassen. «Kommen Sie in zwei Stunden wieder.»

Nach dem Frühstück in einem nahen Hotel ging sie in eine Badeanstalt und gönnte sich etwas Entspannung und warmes Wasser. Als sie aus dem Bad kam, war sie beschwingt, beglückt und strahlte vor sich hin. Sie hätte hüpfen können. Sie schlenderte durch die Stadt und erblickte überall Vertrautes. Die Gebäude, die Stimmung, die Stimmen der Leute. Jeden verstand sie hier mühelos, und der Kellner beim Frühstück hatte mit derselben Melodie gesprochen wie ihre Brüder daheim.

Die Stadt roch sogar noch genau so, wie sie gerochen hatte, als Stephanie in die Handarbeitsschule gegangen war.

In jenem Park dort hatte sie einmal einen Fuchs gesehen, auf dieser Straße war eine Kutsche gekippt und bei jener Litfaß-Säule dort hatte immer eine Frau gestanden und Blumen verkauft. Stephanie fühlte sich unglaublich wohl und freute sich diebisch. Sie war eine heimliche Zuschauerin in den Kulissen des Basler Alltags. Wie ein Kind, das nach dem Zubettgehen zurück ins Wohnzimmer schleicht, um die Erwachsenen zu belauschen. Anfangs hatte sie sich über die vom Zoll verordnete Wartezeit geärgert, nun ließ sie die zwei Stunden genüsslich verfliegen.

Zurück am Bahnhof öffnete sie ihren Koffer, unterschrieb ein paar Dokumente und nahm ihr Gepäck endlich mit. Dann ging sie zur Haltestelle der Birsigthalbahn in der Steinentorstrasse und sah, dass der Zug nach Oberwil erst in einer Dreiviertelstunde fuhr. Also streifte sie weiter: am Casino vorbei über den Barfüsserplatz zur Gerbergasse. Sie war gerade in die Gasse eingebogen, als sie hinter sich ein überraschtes «Stephanie?!» hörte. Sie drehte sich um und stand Frau Recher gegenüber – der ehemaligen Nachbarin und Mutter ihrer Freundin Babette.

«Bist du's oder bist du's nicht?», rief die Frau ungläubig.

Fröhlich erwiderte Stephanie: «Doch, ich bin's!» Sie strahlte, Freude übermannte sie.

«Weißt du es schon von deiner Mutter?»

«Nein, was denn?»

«Sie ist gestern gestorben.»

Das Glück fiel zu Boden und zerbrach. Stephanie stammelte ein stimmloses «Was?», fühlte ihre Knie wegsacken, den Schock hochschießen, die Verzweiflung. «Nein. Nein!»

Sie heulte den ganzen Weg. Sie ließ sich mitschleppen, kraftlos, willenlos, gebrochen. Dann saß sie schluchzend an Frau Rechers Küchentisch. Babettes Mutter tröstete, streichelte, reichte ein zweites, ein drittes Taschentuch. Stephanie registrierte es kaum. Mama war tot. Wieder und wieder reihte sie die drei Worte aneinander, aber wieder und wieder war sie unfähig, zu fassen, was sie zusammen bedeuteten.

«Dein Zug fährt», sagte Frau Recher schließlich. Gemeinsam gingen sie zur Haltestelle der Birsigthalbahn. Dort erblickte Stephanie zwei Schwestern ihres Vaters. Die Tanten trugen bereits schwarz.

Mama lag aufgebahrt in der Stube. Im schwarzen Sonntagskleid, mit gefalteten Händen und mit Blumen geschmückt. Stephanie sank neben ihr auf einen Stuhl; alles zog sie zu Boden, alles war schwer, schwarz und bitter; bitter, traurig und ungerecht. Vor ihr lag ihre Mutter, die Haut bereits fahl, die Wangen eingefallen. Nicht nach zu Hause roch es, nicht nach Zwetschgenkuchen, sondern nach Tod, und alle Blumen der Welt konnten den Geruch nicht verbergen. Stephanie blickte in ihr Gesicht: so vertraut, so nah und so unerreichbar weit weg. Sie strich Mama übers Haar. Dann nahm sie ihre kalten Hände. Alles war kalt. Stephanie fror, und das einzig Wärmende waren ihre eigenen, bitteren Tränen.

*

Ich kam in eine große Leere. Utah war weitläufig und skurril. Eine Landschaft wie ein großer, steinerner Skulpturengarten mit einer unwirklichen Fülle von Farben und Formen; eine Welt wie aus einer anderen Welt. Ich glitt durch weite, endlose Ödnis, kam in plötzlich auftauchende Oasen, fuhr durch den intensiven Geruch von Steppengebüsch, fuhr durch unerwartete Regenschauer, fand heiße Quellen und dachte an Stephanie.

Sie hatte ihre Mutter um ein paar lumpige Stunden verpasst. Nach zweitausend Tagen in Amerika: ein paar lumpige Stunden!

Am Tag vor Stephanies Heimkehr hatte Martina Cordelier auf dem kleinen Acker hinter der Mühle gearbeitet. Marie und Elise hatten dabeigestanden, als die Mutter plötzlich gestürzt war, geröchelt hatte, sich an die Brust gegriffen, aus dem Mund geschäumt und die Augen verdreht hatte. Die Mädchen waren herbeigestürzt, hatten aufgeschrien, hatten sie angefleht, etwas zu sagen.

Schnell waren Frauen und Männer hinzugeeilt, hatten Martina auf den Rücken gedreht, hatten sie geohrfeigt, sie angeschrien und während manche noch riefen – nach dem Arzt! dem Pfarrer! –, hatten die andern ihre Stimmen bereits zum Flüstern gesenkt und tätschelten die völlig verstörten Mädchen. Ein Jüngling rannte zu Jules, eine Frau griff sich die beiden Mädchen, und die übrigen Leute schlossen Martina die Augen, hoben sie behutsam auf einen Karren und brachten sie heim.

Ein Herzschlag während der Arbeit. Aus, vorbei.

Ich fuhr durch eine unwirkliche Zwischenwelt, eine Seelenlandschaft. Nicht mehr ganz irdisch, noch nicht im Jenseits. Was Stephanie fühlte, kann ich nur erahnen und vermutlich ahne ich falsch. Die Notizen reißen ab, sie hatte anderes zu tun. Ein Loch, eine Leere. Sie war verlassen, betrogen um ihr Wiedersehen, um die Überraschung, die Freude, die Leichtigkeit. Sie war betrogen worden um ihre Heimkehr. ‹Daheim› war nur noch ein Haus. Und Gott, Gott war nicht da. Die Kirche war weg, niedergerissen. Trauer, Bitternis, Hadern. Ein paar lumpige Stunden!

Oberwil

Jules und Stephanie in der Küche. Es ist später Abend, die Schwestern schlafen, die Brüder sind aus dem Haus. Stephanies Kiefer mahlen, ihre linke Hand krallt sich ins Tischtuch. Ihr Puls hämmert, ihre Wut steigt an, je mehr Jules in Rage kommt.

«Nein», *ruft sie:* «bestimmt nicht. Das Geld ist meins und es bleibt meins.»

Ihr Vater schnaubt: Zum Teufel solle sie fahren, wenn sie der Familie jetzt nicht beistehe.

«Erzähl du mir nichts vom Teufel», *zischt Stephanie.* «Ohne deine Trinkerei wäre Mama jetzt nicht unter der Erde.»

Jules schlägt die Faust in die Küchenmauer. Stephanie zuckt zusammen, Kalk rieselt zu Boden. Wie ein Ochse stößt er Luft aus, fixiert sie, greift sich mit einer unwirschen Bewegung den Hut, dreht sich ab und verlässt das Haus Richtung Pinte.

Die Familie ging geschlossen zum Friedhof, trotzdem war es, als rage Stephanie heraus. Alle Blicke blieben an ihr hängen, alle Köpfe drehten sich nach ihr um. «Jesses!», entfuhr es einer Alten. Das halbe Dorf war gekommen, Martina Cordeliers Sarg stand beim offenen Grab, und Pfarrer Hoffmann schwenkte den Weihrauch in einen kalten Frühlingsmorgen. Neben dem Friedhof ragte der Überrest einer Mauer auf, ein Bruchstück der alten, zu klein gewordenen Kirche. Hoffmann sprach einfühlsam, er sprach pathetisch und wie immer sprach er gut. Stephanie hörte ihn kaum. Sie versuchte, Haltung zu zeigen und zugleich nicht da zu sein, zu verschwinden und die Gesichter nicht zu sehen, die sich nach ihr reckten. Ihre Mutter wurde gerade bestattet, aber sie, Stephanie, war die Hauptfigur der Zeremonie. Endlos war die Reihe der Kondolierenden, alle wollten sie ihre Hand schütteln, in ihr Gesicht sehen, teilhaben, teil*nehmen* an ihrem Schicksal. Als würde das ‹Libera Me› nicht für Mama gesungen, sondern für sie.

Anderntags erschien ein Artikel in der Zeitung. Vom «plötzlichen Tod der tüchtigen Hausmutter» wurde berichtet, von der Anteilnahme im Dorf und vom «merkwürdigen Geschick», dass die älteste Tochter just am Tag nach dem Tod der Mutter nach fünf Jahren aus Amerika zurückgekehrt sei. Und dann stand da – hochoffiziell und im Imperativ –, es sei nun an Stephanie, die eigene Mutter zu ersetzen. *Sie* müsse nun den Haushalt führen und sich um die Geschwister kümmern.

Natürlich hatte der Mann von der Zeitung keine Ahnung. Und doch versuchte Stephanie, genau das zu tun. Stephanie, Jules, die ganze Familie riss sich zusammen. Alle halfen mit, alle taten ihr Bestes. Stephanie kochte, putzte und führte die Wäscherei, die Mädchen engagierten sich, halfen, machten sogar unaufgefordert den Abwasch. Der Vater blieb den Kneipen fern, und wenn er und Juju abends weiß verschmiert und müde nach Hause kamen, ärgerten sie sich nicht, wenn das Essen noch nicht auf dem Tisch stand. Das Idyll hielt beinahe zwei Wochen.

*

Schon an Stephanies Handschrift ist erkennbar, wie schwer die nun folgende Zeit für sie war. Sie hat versucht, die Familie zusammenzuhalten, aber sie rieb sich auf. Die Hausfrau und Wäscherin konnte sie gerade noch ersetzen, die Mutter und Ehefrau nicht. Das Familiengefüge wurde spröde – und zerbrach schließlich am Geld. Stephanie musste Dutzende kleine und große Dinge kaufen, Lebensmittel, Schulbücher für Elise oder Strümpfe für Marie. Aber die Wäscherei rentierte schlecht, und ihr Vater gab ihr nur widerwillig, was sie brauchte. Seit im Dorf erzählt wurde, seine Frau habe sich seinetwegen zu Tode geschuftet, lief das Malergeschäft schleppend, und überhaupt fand er, habe Stephanie ja noch ein Guthaben in Amerika. Und in der aktuellen Situation sei es wohl selbstverständlich, dass dieses Geld nun in die Familienkasse gehöre.

Aber Stephanie gab es nicht her. Es war ihr Geld, und außerdem misstraute sie ihrem Vater. Zu recht. Bald suchte er doch wieder die Wirtshäuser auf und belastete seine Leber und das Budget. Stephanie widersetzte sich, und so brachen immer wieder Streitereien los. Jules wurde laut und gebieterisch. Er hat auf den Tisch gehauen und seine Tochter für das Gerede im Dorf und die ausbleibenden Aufträge verantwortlich gemacht, für Maries schlechte Schulnoten und dafür, dass Jules Junior kaum noch ein gerades Wort mit ihm sprach. Er nannte sie unverantwortlich und selbstherrlich und ‹egoïste›. Sie hielt ihm sein Trinken vor und dass er sich zu wenig für die Familie einsetzte. Vorwürfe und Gehässigkeiten verzahnten sich, bis sich im Haus an der Schulgasse das Schweigen ausbreitete. Auf die Explosionen folgten die Schwelbrände. Die gemeinsamen Essen wurden kurz, die Unterhaltungen knapp, man begann sich auszuweichen. Die Familie lebte sich auseinander:

- *Jules* trank bald wieder wie in alten Zeiten und oszillierte zwischen Selbstmitleid und Jähzorn. An einem Dorffest lernte er eine Magd namens ‹Lilo› oder ‹Lolo› oder so ähnlich kennen, mit der er sich immer häufiger traf. Bald wurde auch deshalb geredet.
- *Juju* war 21, damit volljährig und bewarb sich auf eine Stelle als Wagenmaler bei der Birsigthalbahn. Er erhielt sie, mietete eine Ein-Zimmer-Wohnung im Dorf und zog aus.
- *Louis* wurde nach Abschluss der Buchbinderlehre zur Armee einberufen und war damit recht zufrieden. Hierarchien, Sport, Männerfreundschaften, Autoritäten und Strukturen machten das Leben übersichtlich, und die Armee war der perfekte Weg, um dem Elternhaus zu entkommen.
- *Louise* fut envoyée chez une tante à Porrentruy. Dort sollte die 15-Jährige bei Jules' Schwester Claire Französisch lernen. Das Vorhaben wurde nur schon deshalb umgesetzt, weil es noch von Martina eingefädelt worden war.
- *Marie & Elise* litten. Unter Albträumen, unter den Erinnerungen an den unmittelbar miterlebten Tod der Mutter, unter den Streitereien der Erwachsenen, unter allerhand Ängsten und darunter, dass sie kaum beein-

flussen konnten, wie es weiterging. In der Schule waren sie unkonzentriert und Maries Versetzung war fraglich.

*

Stephanie wälzte sich auf die andere Seite: Es half nichts. Seit Stunden fand sie keine Ruhe, seit Stunden drehte und wälzte sie sich und versuchte, Gedanken abzuschütteln, in die sie sich längst verheddert hatte. Es war absurd: Noch vor Kurzem hatte sie sich in Amherst nicht zu Hause gefühlt, jetzt fühlte sie sich zu Hause fremd. Was tat sie hier überhaupt? Und was waren ihre Perspektiven? Sich aus purem Pflichtbewusstsein abzumühen, bis die Mädchen aus dem Haus waren? Sie war 24, und Elise war gerade erst zehn! Bis sie für sich selbst sorgen konnte, ging es im besten Fall sieben Jahre. Sollte sie sieben Jahre in dem hohl gewordenen Haus in Oberwil verbringen? Sieben Jahre Leere, sieben Jahre Hingabe, um dann als alte Jungfer zu enden, die das Heiraten verpasst hatte? Sie war nach Hause gekommen, um ihre Mutter zu sehen, doch ihre Mutter war tot. War es da nicht einfach nur logisch, dass sie nun nach Amerika zurückging und sich dort ihre Zukunft aufbaute? Father Romer rechnete mit ihrer baldigen Rückkehr, und die Frage, ob Stephanie in Amerika oder der Schweiz leben sollte, hatte sich mit dem Tod ihrer Mutter ja wohl ebenfalls geklärt. Sie setzte sich auf und öffnete die Fensterläden. Es war eine helle Nacht. Stephanie griff sich ihr Tagebuch, die Feder, das Tintenfass, schlug eine neue Seite auf und schrieb «Amerika».

Am nächsten Abend traf sie sich mit ihren Brüdern in Jujus kleiner Wohnung. Louis hatte gerade frei vom Militär, und die Brüder bestärkten sie: Sie solle gehen. Und nicht nur das: «Schau doch, dass du dich auch gleich nach Arbeit für uns umsehen kannst», bat Louis. «Ich glaube, Amerika würde mir gefallen. Und schließlich müssen auch da Züge bemalt und Bücher gebunden werden.»

«Und die Schwestern?», wandte Stephanie ein.

«Um die werden wir uns schon kümmern», versprach Juju, und Louis nickte: «Und wenn wir dann nach Amerika kommen, nehmen wir sie einfach mit.»

Es war, als wäre ein Fenster aufgestoßen worden. Erstmals seit ihrer Heimkehr verspürte Stephanie wieder etwas Leichtigkeit, erstmals schien ihr wieder klar, wie es weitergehen sollte. Die Brüder alberten herum und überboten sich mit Plänen und Ideen, zu was sie es in Amerika alles bringen wollten.

Auf dem Heimweg blieb sie beim Brunnen am Waschhaus kurz stehen, ließ ihre Finger über den Brunnenrand gleiten und atmete durch. Die Abendluft war angenehm kühl. Sie schaute in den Nachthimmel, blickte über die Kulissen ihrer Kindheit und merkte, dass sie hier nicht mehr hingehörte. Sie war in Oberwil nochmals zu Gast gewesen, aber ihre Zukunft lag jenseits des Atlantiks. Sie ließ sich einige Tage Zeit, um den Entschluss setzen zu lassen. Als sie dann ihre alte Freundin Babette in Basel besuchte, macht sie einen Umweg über den Aeschenplatz. Bei der Agentur Kaiser kaufte sie sich ein Ticket ‹Basel–Le Havre–New York›.

Ihrem Vater sagte sie nichts.

Es war ein seltsames Déjà-vu. Da stand sie wieder in ihrem alten Zimmer und packte ihren Koffer. Als 19-Jährige hatte sie die Gelegenheit für ein Abenteuer ergriffen, nun war sie 25 und fasste einen Entschluss. Sie würde die Schweiz hinter sich lassen und ihr Leben in Amerika verbringen.

Sie kochte das sonntägliche Mittagessen und zwang sich zur Ruhe. Nachmittags wollte sich ihr Vater mit Freunden (und vermutlich mit dieser Lolo) im Nachbardorf treffen. Als sie das Geschirr spülte, verließ er das Haus. Sie verabschiedete sich von Elise und Marie, drückte die Schwestern an sich und versprach, viel zu schreiben. Dann ging sie zum Zug. Damit es im Dorf nicht auffiel, kam Juju etwas später mit dem Koffer nach. In Basel trafen sie sich mit Babette und zu dritt spazierten sie in Richtung Bahnhof. Stephanie war erleichtert, dass es endlich losgehen sollte. Zugleich war da dieses flaue Gefühl. Sie dachte an die lange Reise, die Überfahrt und die Rückkehr nach Amherst. Sie würde bald kündigen und sich etwas Neues suchen, dachte sie, wenn möglich etwas komplett anderes – weder Köchin noch Dienstmagd.

Juju palaverte mit Babette, die Stimmung war ausgelassen und sie hatten den Centralbahnplatz schon zur Hälfte überquert, als Stephanie stehenblieb und auf die zwei Bahnhofsuhren starrte: Sie zeigten beide dasselbe an.

«Was ist mit der Berner und der Elsässer Zeit passiert?», fragte sie verblüfft.

Babette lachte: «Aber wir haben doch jetzt europäische Zeit!»

Stephanie drehte sich nach der Elisabethenkirche um: Sie zeigte dasselbe. «Und die Kirchen richten sich jetzt nach den Bahnhöfen?»

Juju lachte: «Willkommen in den 1890ern, Schwesterlein!»

Unter der linken Uhr hindurch betraten die drei das Stationsgebäude, wandten sich nach links und kamen in die Einstiegshalle der Centralbahn. Der Wind blies durch das offene Gebäude, und auf dem Gleis stand ein Zug, dessen Waggons mit ‹Le Havre› und ‹New York› beschriftet waren. Auf dem mittleren stand zudem ‹Buffet›. Die Leute drängten sich um den Zug, rings um die drei herum wurden Taschen und Kisten verladen, trugen sich Abschiedsszenen zu und hielten die Schaffner die Leute zum Einsteigen an. Eine Weile noch standen Juju, Stephanie und Babette am Perron und unterhielten sich ausgelassen, dann wurde es wirklich Zeit. Und während Babette Stephanies Koffer in den Waggon hievte, sagte Juju plötzlich: «Wie ich von daheim losging, hat Marie so schrecklich geweint und gesagt: ‹Jetzt haben wir niemanden mehr.›»

Stephanie brachte keine Antwort hervor. Sie ließ sich von ihrer Freundin drücken, drückte ihrem Bruder einen verdatterten Kuss auf die Wange und setzte sich ins nächste Abteil. Der Zug fuhr los, sie blickte hinaus und sah Juju und Babette hinter hochschießenden Tränen verschwinden.

Sie schluchzte. Sie heulte auf dem Weg aus der Stadt und auf der Fahrt durch die Dörfer. Draußen zogen Wälder und Burgen vorbei. Der Zug folgte einem engen Tal, einem malerischen Fluss und wenn sie darauf geachtet hätte, hätte sie auf der rechten Seite kurz den Einschnitt in Richtung Kleinlützel sehen können. Sie sah ihn nicht, sie heulte, dass es sie schüttelte. Bis Delémont rannen ihr die Tränen herunter. Dann fasste sie einen Entschluss und sie wurde ruhiger.

Die Leute im Abteil redeten ihr zu. Alle waren sie unterwegs nach Le Havre, viele waren bedrückt, blickten auf schwere Abschiede zurück und einer unklaren Zukunft entgegen. Sie solle ihr Herz ruhig ausschütten, meinte die Frau gegenüber, aber Stephanie mochte nicht sprechen. Als der Zug in Porrentruy anhielt, stand sie auf, wandte sich nach der Tür und stieg aus. Rufe hallten ihr nach.

Sie eilte vom Perron, verließ den Bahnhof und hielt erst an, als sich die Rauchfahne des Zugs in der Ferne zersetzte. Plötzlich war es still. Sie stellte den Koffer ab und atmete durch. Sie zitterte und brauchte einen Moment, um sich zu beruhigen. In einem Garten erblickte sie eine alte Frau und fragte sie nach dem Haus ihrer Tante. Der Weg war kurz, und als sie auf das Gebäude zuging, stürmte ihr ihre Schwester Louise schon entgegen und warf sich Stephanie um den Hals.

*

Hinter mir lag ein weiter Weg und vor mir eine Wüste. Ich hatte mein Rad mit zehn Litern Wasser beladen, und mein Blick ging über eine trockene Landschaft. Durch endloses, dürres Strauchwerk führte eine einsame Straße.

Ich erreichte einen ersten Pass und hielt an. Vor mir erstreckte sich ein riesiges, komplett leeres Tal. Meine Straße führte schnurgerade hinunter, dann wieder schnurgerade hinauf und verschwand in den nächsten Hügeln. Minuten-, kilometerlang rollte ich hinunter in die Leere, die Stille, die Einsamkeit. Ich schaute und schaute erneut, hielt an, versuchte, die Weite irgendwie zu erfassen und scheiterte. Ich durchquerte riesige, stille Landschaften und erst am Abend erreichte ich den nächsten Ort.

So ging es tagelang weiter: Ich tankte Wasser, rastete im Nichts, kämpfte an einem Tag gegen brutale Winde und fuhr an einem andern stundenlang auf eine Regenfront zu, von der mich letztlich nur ein Ausläufer traf. Ich sah Staubteufel, Antilopen und das Flimmern über der Straße. Sah rollende Büsche und vertrocknete Seen. Zwischendurch musste ich anhalten und mir Zeit nehmen. Zeit, um mir klar zu werden, wo ich gerade war, und diesen Ort, diesen Zustand der Wüste mit allen Sinnen aufzunehmen. Und dann vor allem: zu staunen.

Ich kam durch Bergwerksdörfer mit verlassenen Minen und leerstehenden Opernhäusern, kam an kaputten Wagen und verlassenen Höfen vorbei. Über eine Woche lang entschied ich mich kein einziges Mal für links oder rechts, denn da war nur dieser eine Weg, nur diese einsame, endlose Straße. Die Straße, die Leere, die Einsamkeit und die Wüste.

Stephanies Zustand war möglicherweise ein ähnlicher. Nicht ganz so schön, aber genauso anstrengend und ähnlich einfach. Sie brauchte sich genauso wenig wie ich zu überlegen, ob sie nun links oder rechts gehen wollte. Es gab nur einen Weg, und sie ging ihn von Senke zu Senke und von Pass zu Pass. Immer der einen Straße entlang.

Basel

Albrecht im Regen. Es schüttet ohne Unterlass, und der junge Mann steht mit seinem Gehstock in der einen und dem Schirm in der anderen Hand in der Gasse in der Basler Altstadt. Er hat geklopft, er hat gerufen, aber bei der Wäscherei Schnitzler macht niemand auf. Sein Schirm lässt den Regen durch und seine Schuhe langsam auch. Ein Fenster geht auf: «Sie ist nicht zu Hause», ruft Stephanie. «Und außerdem ist es Sonntag. Wenn Sie etwas zu waschen haben, kommen sie morgen wieder!» Ob sie denn von der anderen Wäscherei im Haus sei, will er wissen. Er müsse sich morgen bewerben – ob denn nicht sie vielleicht kurz seinen Anzug aufbügeln könne.

«Nein!», wehrt Stephanie ab. «Und außerdem sollten Sie endlich aus dem Regen, Sie holen sich sonst noch den Tod.» – «Ich weiß, aber ich kann nicht!» – «Warum nicht?» – «Sie haben meinen Anzug noch nicht gebügelt.» Ein weiterer Donner rollt über die Stadt.

«Sind sie immer so aufsässig?»

Der Mann auf der Straße lächelt. «Es wäre ein Fehler, es nicht zu sein.»

Stephanie verbrachte den Abend und eine Nacht bei Louise und Tante Claire. Anderntags fuhr sie zurück nach Basel, ging stracks zur Reiseagentur und tischte eine Lügengeschichte auf. Eine Lügengeschichte! Sie! «Sehen Sie, es ist eben so», erfand sie, «meine Schwester war zufällig am Bahnhof, hat mich gesehen und hat meine Sachen wieder aus dem Waggon gezerrt. Sie will drum im nächsten Frühling ebenfalls nach Amerika fahren, und Sie werden ja wohl verstehen, dass es da besser ist, gemeinsam zu reisen.» Kaiser traute der Sache nicht ganz, erstattete aber wenigstens einen Teil des Tickets zurück.

Wenig später klopfte Stephanie an Frau Rechers Tür.

«Selbstverständlich kannst du hierbleiben», sagte Babettes Mutter. «Die Wohnung ist zwar nicht groß, aber für uns zwei wird es schon gehen.»

Es dauerte nur ein paar Tage, bis Jules erfuhr, wo sie war.

Es klopfte.

Es klopfte erneut.

Stephanie erbleichte, verschwand in die Küche und horchte angespannt. Ihr Vater würde aufbrausen. Er würde laut und grob und vermutlich auch handgreiflich werden. Sie hörte, wie Frau Recher die Tür öffnete. Hörte Jules' Stimme, stutzte und war sich erst beim zweiten Hinhören sicher, dass er es wirklich war. Er klang dünn. Seine Stimme war brüchig und er sprach langsamer als gewohnt.

«Wissen Sie ...», er setzte ein zweites Mal an, «wissen Sie, wo Stephanie ist? Sie ist mir ... sie ist mir davongelaufen – womöglich ist sie längst auf dem Meer.» Er machte eine Pause. «Und wenn sie es wäre, ich könnte es verstehen.» Jules suchte nach Worten. «Es ist ... mein Fehler. Ich hätte sie nicht so schlecht behandeln dürfen, hätte sie nicht so beanspruchen dürfen.»

Stephanie lauschte gebannt.

«Und auf sie hören sollen, hätte ich auch. Dabei weiß ich mir seit dem Tod meiner Frau selbst kaum zu helfen! Ich weiß nicht, wie ich die Mädchen durchbringe, meine Frau fehlt an allen Ecken, und jetzt, wo wir auch noch ohne Stephanie ...»

Als sie aus dem Nebenzimmer trat, sah sie einen geknickten Mann. Ihr Vater wirkte gezeichnet und übernächtigt. Sein Gesicht hellte sich auf, als er sie sah, zugleich lag ein Erschrecken in seinen Zügen.

«Ich weiß, dass ich Fehler gemacht habe», begann er. «Aber ich will es besser machen. Ich meine es wirklich: Die Mutter hätte nicht gewollt, dass es so endet. Das Geld, die Arbeit, der Haushalt, die Mädchen: Louis ist weg, und Juju weicht immer nur aus. Du brauchst nicht sofort mitzukommen, aber bitte: Überleg es dir. Nur schon wegen deinen Schwestern. Sie brauchen dich.»

Er wandte sich um, und kurz darauf verhallten seine Schritte im Treppenhaus. Erst als sie die Haustür ins Schloss fallen hörte, sank Stephanie auf einen Stuhl. Sie war erschöpft, durcheinander und wusste nicht, was sie fühlen sollte.

*

Die Episode mit Stephanies erneuter Heimkehr habe ich lange Zeit kaum beachtet. Sie dauerte kurz, es ging selbstverständlich schief, und selbstverständlich ahnte Stephanie von Beginn an, dass es schiefgehen musste. Und trotzdem ging sie heim. Aber vielleicht ist es genau das, was uns von Roman- und Filmhelden unterscheidet. Wir machen Umwege, begehen dieselben Fehler mehrfach und ziehen das bekannte Übel dem Unbekannten vor.

Die Hoffnung, dass vielleicht doch noch alles gut werden könnte, war ein zu süßes Versprechen, und anfangs lief es tatsächlich recht gut. Dann begann es zu knirschen und schließlich krachte es. Doch diesmal ist Stephanie nicht heimlich davongelaufen, sondern hielt den Konflikten stand. Den Vorwürfen, dem Druck, den Verletzungen. Bis sie deutlich gemacht hatte, dass sie nicht bereit war, sich für eine Familie zu zerreißen, die ihr Vater nur widerwillig mittrug, weil er sie nie wirklich gewollt hatte. Dass sie selbst wusste, was richtig für sie war und niemandem etwas schuldig war – egal, was in der Zeitung stand.

Am Ende war zwar nicht alles gesagt, aber schon mehr als genug. Als sie ihre Sachen dieses Mal packte, wusste ihr Vater, dass sie ging.

*

Erneut kam Stephanie für einige Tage bei Babettes Mutter unter. Sie erholte sich von den Turbulenzen und stieß in der Zeitung auf eine unscheinbare Anzeige: «Gut gehende Wäscherei zu verkaufen». Sie machte ein Angebot, erhielt den Zuschlag und übernahm kurz darauf eine Wohnung samt Wäscherei am Petersberg. Die Gassen waren verwinkelt und Stephanies Wohnung windschief und zugig. Es war ihr egal. Sofort nahm sie ihre Schwestern zu sich.

Marie und Elise brachten Leben, Lärm und Launen in die vier Wände. Stephanie hatte zum ersten Mal so etwas wie ein eigenes Zuhause, ein eigenes Geschäft und eine eigene kleine Familie. Eines Abends – die Wohnung war seit ein paar Wochen bezogen und die Tornados endlich im Bett – setzte sich Stephanie in die Küche, lehnte sich zurück und schloss die Augen. Plötzlich fiel ihr auf, dass es still war. Da waren nicht nur keine Geräusche, auch Fragen und Konflikte waren verschwunden. Ihr Weg war klar und ihr Schlaf war tief.

Allerdings war er auch ziemlich kurz. Sie arbeitete, so viel sie konnte und kam dennoch kaum über die Runden. Die Miete, das Gas, das Essen, die Schulbücher: Stephanie wusch, bügelte und gab nebenbei Kurse, wie man beides richtig tat. Sie lebte so sparsam sie konnte, und trotzdem schmolzen ihre amerikanischen Reserven dahin.

Amerika – es war weit weg. Mal noch ging ihr ein englischer Satz durch den Kopf, hin und wieder dachte sie an eine Person oder ein Erlebnis, aber es gab vieles, das sie nun direkter beschäftigte, als das, was in Übersee hätte sein können. Dennoch: Als sie auf einem Flohmarkt ein Bild mit einer amerikanisch aussehenden Farm sah, kaufte sie es sich und hängte es daheim in den Flur.

«Hallo, ich bin Päulchen.»

Unter den Frauen, die zu Stephanies Wasch- und Bügelkurs gekommen waren, stach Paulina Schnitzler heraus. Sie war deutlich älter als die andern, etwas älter gar als Stephanie selbst, rundlich, verschmitzt und schlagfertig. Sie wolle ebenfalls eine Wäscherei eröffnen, erklärte sie Stephanie am Wäschetrog. «Meine Schwester führt eine Pension. Etwa fünfzig Zimmer für etwa fünfzig Männer. Sie können sich vorstellen, was das zu tun gibt.» In der Pension wohnten Studenten, Gesellen oder junge Handwerker auf Wanderschaft. «Sie sind süß, tollpatschig und hilflos – ein bisschen wie Kätzchen. Sie können weder kochen, noch waschen, noch putzen, und einige können sich nicht einmal richtig anziehen.» In der Pension wurde alles für die jungen Männer erledigt. Sie bekamen ein Frühstück, die Zimmer wurden gereinigt, «und manchmal sagen wir ihnen auch, dass sie wieder mal zum Friseur gehen sollten».

Päulchen war ihr sympathisch. Sie war erfrischend, unkompliziert und auf der Suche nach einer neuen Wohnung. Als in Stephanies Haus kurz darauf etwas frei wurde, schlug sie den Vermietern sofort Päulchen vor, und so hatte sie bald eine Nachbarin, mit der sie sich nicht nur über Rost- und Rotweinflecken unterhalten, sondern bei der sie auch mal Salz oder Schwefelseife borgen konnte.

Aus Tagen wuchsen Wochen, aus Wochen blühten Monate, aus Monaten reiften Jahre, und die Jahre verwehten im Wind. 1897, 1898, 1899. Marie und Elise halfen nach der Schule im Haushalt, und Juju, Louis und Louise kamen hin und wieder zu Besuch. Marie kam eines Tages völlig aufgelöst von Oberwil zurück. Sie hatte den Vater besucht, als dessen neue Frau unerwartet früh und zudem betrunken nach Hause gekommen war. Als sie Marie sah, hatte sie einen Wutanfall gekriegt und das Erstbeste ergriffen, das sie fassen konnte. Die 13-Jährige hatte sich gerade noch wegducken können, bevor ein schwerer Tonkrug krachend an der Wind hinter ihr zerbarst. Von da an hielten sich die Geschwister von Oberwil fern.

Die Sonntage verbrachte Stephanie meistens mit Päulchen. Das heißt: nicht die ganzen Sonntage, denn Paulina war Protestantin. Aber an den Nachmittagen flanierten die zwei über die Felder vor der Stadt, erkundeten die gerade entstehenden Arbeiterviertel in Kleinbasel oder Gundeldingen, spazierten über den Marktplatz, wo am Rathaus gerade ein Turm aufgebaut wurde, und Stephanie freute sich besonders, als der erste ‹Street Car› bzw. die erste Straßenbahn in Basel auftauchte. «Wie in Defiance!», ließ sie ihre

Freundin wissen. Die beiden unterhielten sich über Männerbekanntschaften und Ersatzmuttersorgen, klatschten über Stadtoriginale und andere Wäscherinnen, wunderten sich über die neuartigen ‹Warenhäuser› und versuchten sich auszumalen, wie wohl die ‹bewegten Bilder› aussehen könnten, die für einen horrenden Preis im städtischen Casino gezeigt wurden.

Auch Päulchen war früher einmal Köchin gewesen – bei einem reformierten Pastor. Ihre und Stephanies Erfahrungen waren auffallend ähnlich, und Stephanie merkte, dass sie trotz langer Jahre in Amerika und dem Leben im großmehrheitlich protestantischen Basel kaum Ahnung von anderen Glaubensvorstellungen hatte. Also fragte sie Päulchen. Manches, was ihre Freundin erzählte, leuchtete Stephanie spontan ein, anderes schien ihr unlogisch, verwirrend oder auch ganz einfach falsch. Doch mit der Zeit ergab sich ein zusehends stimmiges, wenn auch neuartiges Bild, bis Stephanie schließlich auf einem Spaziergang meinte: «Weißt du, Päulchen, wenn ich dir so zuhöre, scheint mir, dass ihr Protestanten auf eure Weise auch an Gott glauben könnt.» Päulchen lachte, und die zwei schlenderten weiter.

Bimmelnd fuhr eine Straßenbahn an ihnen vorüber. «Denkst du eigentlich», wechselte Stephanie das Thema, «dass es bald nicht nur elektrische Straßenbahnen, sondern auch elektrische Wäschereien geben wird?»

«Bestimmt!», war Päulchen überzeugt. «Aber erst im nächsten Jahrhundert.»

Die Bahn hatte weiter vorne gehalten, und eine Frau mit einem Kleinkind im Arm kletterte aus dem Waggon, weshalb Päulchen zurückfragte: «Findest du eigentlich nicht, dass es langsam an der Zeit wäre, ans Heiraten zu denken?»

«Bestimmt!», grinste Stephanie, «aber erst im nächsten Jahrhundert.»

Albrecht ärgerte sich. Das war wieder einmal typisch. Gestern erst hatte er erfahren, dass er sich am Montag vorstellen sollte. Nun war Sonntag, sein Veston verbeult und sein Anzug lamentabel. Außerdem musste es auch noch wie aus Kübeln regnen. Er ergriff seinen Schirm, den Anzug und seinen Stock und ging zur Wäscherei, wo die Kleider aus seiner Pension normalerweise gereinigt wurden. Natürlich: Die Wäscherin war nicht daheim. Aber dann ging über ihm ein Fenster auf.

«Was ist das denn für eine Arbeit, wo sie sich vorstellen können?», wollte Stephanie wissen, während sie das Bügeleisen auf den Herd stellte.

Albrecht sah sich um, setzte sich auf einen Stuhl und begann zu erzählen. Ursprünglich hatte er Portefeuilletier – Brieftaschenmacher – gelernt, jetzt aber sprach er bei einem Kartonagenbetrieb vor. Das sei die Zukunft, meinte er. «Bücher zum Beispiel: Wer hat denn heute noch in Leder gebundene Bücher? Oder Ihre Seifen: Früher haben Sie die in Blechbüchsen gekauft, jetzt stecken sie in Kartonschachteln.»

Stephanie prüfte die Temperatur des Eisens.

«Ich bin Ihnen außerordentlich dankbar, dass sie sich Zeit nehmen, Frau …»

«Fräulein», antwortete Stephanie, «Fräulein Cordelier.»

«Dann gehören die Schuhe im Flur also nicht Ihren Kindern?»

«Die gehören meinen Schwestern», wehrte sie ab.

«Und das Bild mit der großen roten Scheune?»
«Sie haben sich ja ganz schön genau umgesehen!»
Das Eisen glitt flink über den Stoff, und das Gespräch tänzelte durch die Themen. Dieser junge Mann gefiel Stephanie, er war interessiert, hatte Humor, Frechheit und wusste, was er wollte. Der Anzug war längst fertig. Sie hatte Tee aufgegossen und sich zu Albrecht an den Tisch gesetzt. Plötzlich rumpelte es an der Tür; Elise kam nach Hause.

«Jetzt habe ich Sie lange genug aufgehalten», meinte Albrecht und stand rasch auf. «Was soll es denn kosten?»

«Schon gut», antwortete sie und strich ihre Schürze glatt. «Aber wenn Sie die Stelle bekommen, laden Sie mich zu Kaffee und Kuchen ein.»

Als Stephanie eine Woche später zum vereinbarten Treffpunkt auf der Mittleren Brücke kam, stand Albrecht schon dort. Er trug seinen guten Anzug und stütze sich auf seinen Stock. Sie hatte an jenem Sonntag gar nicht recht darauf geachtet: Sein rechtes Bein war etwas verkürzt, der Fuß stand nach außen ab, und der Schuh war klobig geformt.

Er wusste von einem Lokal etwas außerhalb der Stadt, und so schlenderten sie langsam in diese Richtung. Albrecht humpelte ein wenig. Stephanie bot ihre Hilfe an, aber er lehnte ab. Dafür erzählte er, wie er überhaupt erst in die Stadt gekommen war. Er war auf einem Bauernhof im Emmental aufgewachsen und als Ältester hätte er den Hof eigentlich übernehmen können. «Aber damit», er zeigte auf seinen Klumpfuß, «war das natürlich unmöglich.» Also war er fortgegangen. In Schaffhausen hatte er sein Handwerk erlernt, dann hatte er an verschiedenen Orten im Schwarzwald gearbeitet, bevor er nach Basel gekommen war. Hier hatte er beschlossen, auf Karton umzusteigen.

«Die meisten Techniken sind ohnehin fast dieselben. Und Dinge kleben zu können, anstatt sie nähen zu müssen, ist ehrlich gesagt ganz praktisch.»

Wolken trieben durch den Frühlingshimmel, das Licht änderte sich ständig, und Stephanie war angenehm überrascht. Sie hatte Albrecht zunächst nicht so richtig ernstgenommen. Er war drei Jahre jünger und das merkte man auch; er schien ihr unbekümmert, aber auch sehr entschlossen. Was sie aber am meisten beeindruckte, war, dass er keine Angst hatte, weder vor ihr noch vor sonst etwas. Dass er sein Leben mit einer Behinderung bestreiten musste, dass Stephanie alleinerziehende Schwester zweier Mädchen war, dass ihr Horizont den seinen um Meilen überstieg oder dass sie mehr schlecht als recht über die Runden kam: Nichts imponierte ihm, nichts schreckte ihn ab.

Die beiden trafen sich auch am darauffolgenden Sonntag. Und am übernächsten. Und einige Sonntage später flanierten sie einem Flüsschen folgend durch eine Auenlandschaft, und Albrecht amüsierte sich, dass das Gewässer ‹Wiese› genannt wurde. «Ich werde mir ein Kätzchen anschaffen und es Krokodil taufen», versprach er.

Sie gelangten zu einer Stelle, an der zwei Brücken über den kleinen Fluss führten, eine für die Wiesenthalbahn, auf der anderen kam ihnen gerade ein Reiter entgegen. Sie waren auf gleicher Höhe, als von hinten ein Zug herangepreschte. Alles geschah zeitgleich: Die Lok pfiff, das Pferd scheute und bäumte sich auf, Albrecht riss die Arme vors Gesicht, und Stephanie packte ihn und zog ihn zur Seite. Dann war der Zug vorbei, und der Reiter ritt unter vielen Entschuldigungen von der Brücke. Es kümmerte beide nicht sehr.

Nur langsam lösten sie sich aus ihrer Umklammerung und erst viel später merkten sie, dass Albrechts Spazierstock bei dem Zwischenfall in den Fluss gefallen war. Albrecht wehrte Stephanies Hilfe zunächst wieder ab, konnte dann aber nicht verheimlichen, wie sehr ihn die volle Belastung des kaputten Fußes schmerzte, und so griff sie ihm schließlich einfach unter die Schulter. Einige Meter weiter setzten sie sich auf eine Bank und blickten sich an.

Frühling und offene Fenster. Stephanie und Albrecht alberten herum, spazierten und setzten sich in Cafés, redeten und schwiegen, rochen an Kirschbaumblüten und verpusteten Löwenzahn. Sie schauten zum Horizont und blickten sich in die Augen, und oft war beides dasselbe. Stephanie war gelöst und leicht und geerdet und glücklich. Und keine zwei Wochen nach dem ersten Kuss verlobten sie sich.

Allerdings gab es da ein Problem, und dieses klopfte eines Morgens an Stephanies Tür. Ob sie einen Moment Zeit habe, wollte Hoffmann wissen. «Gewiss», sie bat ihn herein und setzte Tee auf. Der Pfarrer, der sie durch ihre Oberwiler Kindheit und Jugend begleitet hatte, setzte sich, erkundigte sich nach ihr und nach den Geschwistern und sah sie nach etwas Geplauder ernst an.

«Stephanie, ich mache mir Sorgen. Ich habe gehört, Sie vertun gerade Ihr Leben. Ich habe gehört, Sie treffen sich mit einem Protestanten.»

Stephanie verstummte.

«Ist es denn ernst?»

Sie blieb stumm.

«Ja wissen Sie denn nicht, was das bedeutet?»

Natürlich wusste sie das. Aber sie wusste nicht, was sie sagen sollte. Sie hatte in letzter Zeit mehr an Albrecht als an irgendetwas anderes gedacht.

«Die Kirche könnte diese Verbindung niemals akzeptieren», fuhr der Priester fort. «Ich müsste Sie aus der Gemeinde ausschließen, Stephanie. Ausgerechnet Sie, eine der besten Sonntagsschülerinnen, die ich je hatte. Stephanie, Sie könnten nie mehr zur Messe. Ihre Sonntage wären leer, Sie wären an Weihnachten allein, und wenn Ihre letzte Stunde kommt, hätten Sie keinen Platz auf dem Friedhof. Vor allem aber verunmöglichen Sie Ihrer Seele den Eingang in den Himmel.» Er blickte sie durchdringend an. «Dabei haben Sie doch bis anhin so gut und gottgefällig gelebt! Und nun wollen Sie Ihr Seelenheil einfach so in den Dreck werfen? Nur wegen einem Mann? Was würde Ihre gute Mutter nur dazu sagen? Sie fände im Grab keine Ruhe mehr.»

Stephanie war viel zu perplex für eine Reaktion. Sie hatte Hoffmanns Besuch nicht erwartet, und der Pfarrer war jemand, zu dem sie seit ihrer Kindheit stets aufgesehen hatte. Stockend sagte sie, dass sie sich ihrer Sache ziemlich sicher sei, dass Albrecht ein guter Mann sei, der beste, den sie je getroffen habe, und dass sie vorhabe, ihr Leben mit ihm zu verbringen.

Hoffmann merkte, dass er in den Wind sprach. «Wenn Sie der Glaube schon nicht an diesem Irrsinn hindern kann», meinte er schließlich, «dann sollte Sie doch wenigstens der abnorme Fuß davon abhalten, sich mit dem Mann einzulassen.»

Sie stand auf, ging wortlos zur Tür und öffnete sie.

Als sie kurz darauf Päulchen beim Brunnen traf, dampfte Stephanie förmlich. Sie griff sich das nächste Stück Wäsche und schleuderte es gegen den Trog. «Was meint der Hoffmann eigentlich, wer er ist?»

Päulchen blickte sie verdutzt an.

Stephanie packte ein weiteres Tuch. «Seit ich zurück bin, ist alles schiefgelaufen, mit der Mutter, mit dem Vater und dann habe ich mich zerrissen, um die Mädchen durchzubringen.» Der Stoff klatschte wuchtig gegen den Brunnenrand. «Meinst du, es wäre jemals jemand von der Kirche auf die Idee gekommen, mich zu fragen, wie's mir geht? Meinst du, es hätte jemals so eine fromme Dame oder ein frommer Herr seine Hilfe angeboten?» Sie drückte den Stoff ins gurgelnde Wasser. «Aber jetzt! Jetzt wo's langsam bergauf geht, wo ich glücklich bin, wo ich heiraten will ... jetzt kommt der Herr Pfarrer und meint, er müsse mir Vorhaltungen machen, wie ich mein Leben leben soll.» Sie wrang das Tuch aus, dass es spritzte. «Auf überhaupt gar keinen Fall. Ich heirate den Albrecht und wenn es das letzte ist, was ich tue.» Das Tuch knallte gegen die Brunnensäule und fiel klatschend ins Wasser.

Päulchen schmunzelte. «Dann macht doch eine protestantische Hochzeit.»

*

Albrecht und Stephanie haben am 12. Mai 1899 geheiratet. Es war eine kleine Feier an einem Freitagnachmittag, und auf der Fotografie, die sie nach der Trauung machen ließen, sehen sie ruhig und gelassen aus. Sie sehen aus wie zwei, die sich ihrer Sache gewiss sind. Stephanies Blick ist zuversichtlich und geht leicht am Fotografen vorbei. Sie trägt ein schwarzes Kleid, eine Fliege und einige Blumen im Haar. Die Fliege ist vermutlich violett, das war modisch, und vielleicht ist sie aus Seide, jedenfalls schillert der Stoff. Könnte man ihre Hände sehen, sähe man wohl, dass sie Handschuhe trägt – das galt gerade als chic. Albrecht sieht neben ihr ziemlich jung aus. Er ist akkurat frisiert und trägt einen Anzug, der fast schon ein Mantel ist, dazu eine schwarze Fliege. Mit seiner linken Hand stützt er sich auf ein Tischchen, das etwas zu niedrig ist. Darum hält er die Hand nicht offen, sondern macht eine Faust. Die Hand ist in Leder gehüllt, und bei genauem Hinsehen erkennt man, dass er einen Spezialhandschuh trägt, der die Handfläche von der Reibung des Gehstocks entlasten soll. In der Faust hält er einen zweiten Handschuh. Seine Rechte, die verborgen auf Stephanies Rücken liegt, ist also unbedeckt.

Wenig später kündigte Albrecht seine Stelle und machte sich selbständig. Stephanie betrieb ihre Wäscherei vorerst weiter, nahm aber immer weniger Aufträge an. Den Grund dafür sah man ihr bald an.

Am 26. Mai 1900 kam Albert zu Welt. Stephanie empfahl ihren verbliebenen Kundinnen, zu Päulchen zu wechseln. Sie verkaufte ihre Wäschezuber, Waschbretter und Bügeleisen, kümmerte sich um das Kind und half Albrecht mit seiner Firma.

Die Wäsche gab sie nun auswärts.

Stephanies Ehe war glücklich. Das sage nicht ich, das sagt Onkel Peter und der war dabei. Gestern checkte ich im Motel wieder einmal meine E-Mails und fand eine Nachricht von Dianne. Sie hat mir einen Zeitungsausschnitt aus dem Sommer 1900 geschickt. Stephanies Onkel, der Mann von Tante Therese, reiste in jenem Sommer offenbar nach Europa und statt vieler Briefe an seine Bekannten schrieb er einen Bericht für den ‹Defiance Express›. Auf seiner Reise kam er in Basel vorbei, wo er acht Tage bei Albrecht und Stephanie blieb. «Stephanie ist sicher vielen Lesern noch ein Begriff», schrieb er, «da sie für den verstorbenen Doktor Berchtold gearbeitet hat. Ich wurde von ihr gut empfangen und habe mich wie zuhause gefühlt. Sie ist seit über einem Jahr verheiratet, hat einen sehr guten Ehemann und einen sechs Wochen alten Sohn.»

Ich musste laut lachen, als ich die Passage las. Nicht, weil Onkel Peter erwähnte, dass Albrecht ein guter Mann war, oder weil er beiläufig klarmachte, dass es keine erzwungene Ehe war – sondern wegen Albert. An meinen Großvater erinnere ich mich als liebevollen Mann im Lehnstuhl mit einzigartigem Schmunzeln, zittrigen Händen und einem äußerst bequemen Großvaterbauch. Und nun lag er plötzlich in diesem Zeitungsbericht vor mir, am anderen Ende seines Lebens, als neugeborenes und genauso schrumpeliges Wesen.

Wenn man von der Wüste her kommt, ist die Sierra Nevada eine recht unbedeutende Hügelkette. Man pedalt ein, zwei Stunden bergauf, dann ist man oben und dann geht's zweitausend Höhenmeter runter nach Kalifornien. Mühelos glitt ich durch Zedernalleen, Weinberge, mediterrane Landschaften und griff plötzlich in die Bremsen. Ich wendete, um mich zu vergewissern. Tatsächlich: ein Lokal mit einem Garten und darin Menschen, die Salat verzehrten. So etwas hatte ich seit zweitausend Kilometern nicht mehr gesehen. Ich legte eine Pause ein und genoss. Wenig später kam ich nach San Francisco.

San Francisco nach der Wüste war wie New York nach dem Meer. Überall war Leben, überall Leute, überall Bewegung. Ich nahm mir ein Hotelzimmer und machte mir einen gemütlichen Abend. Anderntags fand ich in der Nähe ein Frühstückslokal, wo frische Beeren und Früchte serviert wurden. Dann fuhr ich ohne Gepäck, nur mit Sonnencreme und Notizbuch zum Meer.

Als ich die Golden Gate Bridge überquerte, überlegte ich mir flüchtig, wer sie wohl strich und am Rosten hinderte. Dann fand ich einen Weg hinunter an den Pazifik. Der Geruch des Meeres und das Geräusch der Brandung erfüllten die Luft. Ich setzte mich, nahm Stift und Notizbuch hervor und blickte hinaus.

So richtig erklären konnte ich meine Faszination für Stephanies Geschichte auch nach all den Recherchen und zehntausend Kilometern Schiffs- und Fahrradreise nicht. Aber vielleicht muss man einen Zauber auch gar nicht erklären können. Vielleicht muss man sich einfach auf ihn einlassen.

Epilog

Es kam nicht alles gut. Albrecht und Stephanie schufteten das ganze Jahr, und an Weihnachten zeigte er ihr die Bilanz und sagte: «Schau, da stehen wir heute. Ich kann dir nichts kaufen.» Ihr waren Geschenke oder Nichtgeschenke herzlich egal. Die beiden verließen Basel und zogen mit dem kleinen Albert über die Grenze nach Stetten (heute ein Teil von Lörrach), wo es weniger Konkurrenz gab. In Deutschland besserte sich ihre Lage. Albrecht und Stephanie schnitten, rillten und klebten Schachteln für Knopffabrikanten und Webereien. Über die Jahre bauten sie sich ihr kleines Geschäft auf, und Stephanie gebar Otto (1906) und Paul (1909).

Fünf Jahre später brach der Erste Weltkrieg aus. Albrecht packte das Nötigste in einen alten Kinderwagen und versorgte ihn hinter dem Haus für den Fall, dass sie flüchten mussten. Ansonsten versuchten die beiden, weiterzumachen wie gewohnt, und sie hatten Glück: Die Fronten zogen größtenteils an Stetten vorbei. Nur einmal verirrten sich 200 französische Reiter in die Gegend. Die Maschinengewehre ließen dreißig übrig, und die wurden ins Gefängnis gebracht. Stephanie holte Kartoffeln aus dem Keller, kochte sie und schickte den inzwischen 15-jährigen Albert los, er solle sie ihnen durch die Gitterstäbe zustecken.

Die Familie überstand den Krieg, und der Kinderwagen kam nicht zum Einsatz. Trotzdem blieben die Zeiten hart: Was der Krieg übriggelassen hatte, fraß die Inflation. Die Nachbarin, durch den Krieg zur Witwe geworden, verkaufte in der Not ihr Haus – und tauschte den Erlös einige Tage darauf gegen ein halbes Pfund Butter. Unter diesen Umständen konnten auch Albrecht und Stephanie nicht weitermachen. Sie zogen zurück nach Basel.

Hier ging es langsam aufwärts. Die Söhne waren gesund, Stephanies Ehe war es auch, und Albrecht brachte eines Tages unter dem Firmenschild eine zusätzliche Tafel an: «Mit elektrischer Produktion». Doch auch die Glühbirnen verscheuchten nicht sämtliche Schatten. Stephanie bezahlte für ihre Entscheidungen einen beträchtlichen Preis. Die Beziehung zum Vater heilte nie, der Kontakt zu den Brüdern riss ebenfalls ab, und die Familie löste sich auf. Mit dem Rausschmiss aus der Kirche war sie zudem auch spirituell heimatlos geworden. Beides beschäftigte sie, aber bereut hat sie ihr Handeln nie.

Zeppeline zierten den Himmel, das Radio hielt Einzug und etwas später das Telefon. Unter den nobleren Herrschaften kamen Automobile auf, dann Knickerbocker, Seidenstrümpfe, Bubiköpfe, Federboas und Zigarrettenspitzen. Dann fing das Radio an zu bellen, und wenig später war wiederum Krieg.

Als dieser vorbei war, hatte Albert die Firma seines Vaters übernommen, Otto half ihm dabei und Paul studierte Geschichte. Stephanie war alt und Witwe geworden. Sie ordnete ihre Gedanken und schrieb ihre Erinnerungen an die Zeit in Ohio Blatt um Blatt auf.

Die letzte Fotografie, die von ihr erhalten ist, ist die einzige in Farbe. Stephanie sitzt auf der Terrasse und blickt in die Ferne. Ihr Gesicht wirkt trotz der vielen Falten frisch, ihre Züge jugendlich, und das weiße Haar glänzt an der Sonne. Sie hat sich quer auf den Stuhl gesetzt, den linken Arm um die Rückenlehne geschlungen und hält auf den Knien ein dickes, aufgeschlagenes Buch. Sie hat noch viele Seiten vor sich.

Nachwort

Das Leben ist immer komplizierter. Der Ich-Erzähler ist nicht ganz identisch mit dem Autor, und Stephanie im Buch ist nicht genau die Stephanie, die gelebt hat. ‹Nach Ohio› segelt so nah an der Wahrheit wie möglich, aber Romane haben ihre eigene Logik und ihre eigenen Gesetze. Hätte ich mich an die gesicherten Fakten gehalten, wäre ein unübersichtlicher und lückenhafter Text entstanden, mit dem ich weder Stephanie noch meiner Faszination für sie gerecht geworden wäre.

Also habe ich vereinfacht und beispielsweise die Anzahl Personen deutlich reduziert. So wurde Stephanie vermutlich nicht von Kräuter-Bächle in Norwalk abgeholt, aber es war eine gute Gelegenheit, ihn vorzustellen. In Basel zog sie noch einige Male um, bevor sie mit Päulchen im selben Haus wohnte – was aber unwichtig ist. Und die Warnung vor der Heirat mit dem Protestanten kam nicht von Pfarrer Hoffmann, sondern von jemandem aus der Gemeinde, den ich dafür eigens hätte einführen müssen. Der umtriebige spätere Nationalrat Gschwind wiederum hatte zwar vielerorts seine Finger im Spiel, war aber auch nicht alleine für alles verantwortlich, was ich ihm andichte. Und ‹Hanne› ist nicht eine Person, sondern die Summe aus vielen.

Anders als der Erzähler habe ich Amherst, Peru und Defiance von Ost nach West abgeklappert, was die Geschichte aber grässlich durcheinandergebracht hätte. Zudem machte ich viele Recherchen nicht vor, sondern nach der Amerikareise (was endlose ‹Ach übrigens›- und ‹Was ich noch sagen wollte›-Einschübe zur Folge gehabt hätte). ‹Nach Ohio› ist nicht die Geschichte. Es ist eine Geschichte.

Als Finder bin ich passabel, zum Erfinder tauge ich schlecht. Wo ich keine Quellen hatte, habe ich daher oft Dinge etwas verschoben, sei's im Raum oder in der Zeit. Ob Frank Melbourne in Norwalk war? Ich weiß es nicht. Aber er war in Ohio unterwegs, und ich schob ihn dorthin, weil mich die Konfrontation zwischen ihm und Father Blaser interessierte. Umgekehrt hat der Gebetsmarathon zwar einige Jahre vor Father Blasers Zeit in Peru stattgefunden, aber er illustriert den spirituellen Groove in der Gegend ganz gut.

Allgemein gilt: Je wichtiger, unwahrscheinlicher oder spezifischer ein Detail ist, desto eher ist es durch Quellen belegt. Martinas Tod? Könnte ich nie erfinden. Dr. Berchtolds Papagei? Ist mehrfach verbürgt. Dass Stephanie am 1. März 1894 Käseschnitten kochte, die ihr Onkel allesamt aufaß? Schreibt sie selbst in ihrem Text. Verräterisch sind hingegen Aufzählungen, da habe ich oft improvisiert. Welches Gemüse wann wo gepflanzt wurde, wird leider nirgends erwähnt, und es würde mich wundern, wenn kundige Gärtnerinnen nicht hie und da die Stirn gerunzelt hätten, weil etwas zur falschen Zeit blüht oder in diesem oder jenem Boden gar nicht erst wächst.

Stephanie reifte vom schüchternen, fremdbestimmten Kind zur selbstbewussten Persönlichkeit. Das ist bewundernswert, aber ich kann mich mit ihren schwierigen Zügen genauso gut identifizieren. Sie war lange Zeit schrecklich unsicher und unglaublich engstirnig. Sie benötigte Jahre, um sich von ihrem Vater abzugrenzen, und Jahre mehr, um sich anderen Weltanschauungen zu öffnen. Wenn es um ihre Eltern ging, war sie unheimlich parteiisch und von ihrer idealisierten Mutter löste sie sich trotz Auswanderung nie. Von den Enkeln, die sie erlebt haben, zeichnen die einen das

Bild einer inspirierenden Grande Dame. Die anderen das einer unbequemen Alten, die leider sehr genau wusste, was sie wollte. So wie ich Stephanie kennengelernt habe, sind wohl beide Ansichten richtig.

Zum Abschluss eine letzte Begebenheit. Dass sie stattgefunden hat, ist durch meinen Freund Lele verbürgt.

Am Radio

Oben der Sternenhimmel, unten der Schnee. Der See ist gefroren, und die Berge glitzern im Mondlicht. Sarnen am 12. Januar 1964. In einem Küchenfenster brennt Licht, das Radio läuft und davor sitzt Rosa Berchtold, 82-jährig, und die Tränen kullern in ihren Schurz. Siebzig Jahre lang hat sie nichts von Fanni gehört. Jetzt dringt ihre Stimme aus dem Lautsprecher. Alt, kratzend und etwas brüchig – aber unverkennbar wie eh.

Am nächsten Tag ruft Rosa beim Radio an, lässt sich nicht abweisen, insistiert, bis sie Stephanies Adresse und Telefonnummer hat. Es ist mehr Nacht als Morgen, als Rosa einige Tage später in den Zug nach Luzern und dort in jenen nach Basel steigt. Den Weg zur Dorenbachstrasse macht sie zu Fuß, die Nummer 73 findet sie auf Anhieb. ‹Stephanie Meyer-Cordelier› liest sie auf dem Türschild.

Die älteste Springmaus lächelt. Sie atmet ein, dann drückt sie die Klingel. Aus dem oberen Stockwerk sind Schritte zu hören.

Kleinlützel, undatiert.

Familienfoto, 1891. Hinten: Louis, Stephanie, Jules, Jules Junior. Vorne: Marie, Elise, Martina, Luise.

Oberwil, Hauptstrasse, 1904. Quelle: altoberwil.ch

Die Oberwiler Eisbahn, Postkarte von 1908. Quelle: altoberwil.ch

Die Farm von Tante Therese, ca. 1889.

Tante Thereses Scheune, ca. 1889.

Defiance, Strassenszene an der Clinton Street.

Schule, Kirche und Pfarrhaus in Peru. Aufnahme aus den 1970er-Jahren.

Geschäft in Defiance, 1890er-Jahre.

Peru, Kirche, Blick von der Empore auf Kirchenschiff und Decke. Aufnahme von 2013.

Hochzeitsfoto, 1899.

Stephanie auf dem Balkon an der Basler Dorenbachstrasse, 1964.

Die ‹Indonesia› auf dem Atlantik.

Recherchereise. Die unendlichen Weiten Nevadas.

Ebenfalls bei Zytglogge erschienen

Patrick Tschan

**Der kubanische Käser
Das wunderbarliche Leben
und Lieben des
Noldi Abderhalden**

Roman
ISBN 978-3-7296-5005-3

In einer bitterkalten Winternacht im Frühmärz 1620 treiben Liebeskummer und Branntwein den jungen Toggenburger Noldi Abderhalden in die Fänge eines Anwerbers der spanischen Armee. Als Reisläufer für die katholische Sache lernt der Sechzehnjährige das raue Soldatenleben kennen. Das Kriegshandwerk scheint ihm zu liegen, und die Kameradschaft sagt ihm zu. Als er den Heereskommandanten Gómez Suárez de Figueroa, den Duque de Feria, vor einer protestantischen Kanonenkugel rettet, wird er als Kriegsheld an den spanischen Hof beordert. Dort liesse es sich aushalten, doch das Leben hat andere Pläne. Noldi entgeht nur knapp der Inquisition und wird nach Kuba verbannt, wo er eine Horde Rindviecher zu beaufsichtigen hat. Kein Problem für Noldi – denn Noldi Abderhalden wäre nicht Noldi Abderhalden, wenn er aus dieser Situation nicht machte, was nur er daraus machen kann.

Patrick Tschan lässt einen geradlinigen Toggenburger quer durch die Wirren des Dreissigjährigen Kriegs marschieren und bitterem Ernst mit heiliger Einfalt die Stirn bieten.

Ebenfalls bei Zytglogge erschienen

Beat Hüppin

Donetta, der Lichtmaler

Roman
ISBN 978-3-7296-0992-1

Im abgelegenen Val Blenio gibt es wenig Arbeit, und Roberto Donetta hangelt sich von Beschäftigung zu Beschäftigung, um seine immer grösser werdende Familie durchzubringen. Mal arbeitet er als Marronibrater, dann als wandernder Samenhändler. Daneben widmet er sich intensiv der Fotografie. Unermüdlich dokumentiert er das Leben in seinem Tal. Trotz wirtschaftlich schwierigster Umstände und gegen den Widerstand seiner Familie hält er an seiner Leidenschaft fest und entwickelt künstlerische Ambitionen.

Beat Hüppins Roman befasst sich mit dem Leben und dem fotografischen Werk des Tessiner Fotografen (1865–1932). Es war ein spektakulärer Fund, als man Ende der 1970er-Jahre 5000 Glasplatten des Wanderfotografen entdeckte. Die dokumentarische Kraft und die ganz eigene Bildsprache seiner Arbeiten, so ist sich die Fachwelt einig, machen Roberto Donetta zu einem grossen Pionier der Fotografie.

Ebenfalls bei Zytglogge erschienen

Therese Bichsel
Überleben am Red River
Roman
ISBN 978-3-7296-0985-3

Angelockt von den Beschreibungen des verschuldeten Hauptmanns Rudolf von May, eines Berner Patriziers, der Kolonisten anwirbt, wandern im frühen 19. Jahrhundert rund 170 Menschen aus Bern und Neuenburg nach Kanada in die Gegend des heutigen Winnipeg aus. Die hoffnungsvoll begonnene Reise in ein neues Leben steht unter keinem guten Stern. Die vollmundigen Anpreisungen des Hauptmanns entpuppen sich weitgehend als leere Versprechen. Als die völlig erschöpften Auswanderer bei Wintereinbruch endlich den Zielort am Roten Fluss erreichen, erwartet sie grosse Not. Die Frauen, über die in dieser Männergesellschaft verfügt wird, trifft es besonders hart.

Der Roman basiert auf einer wahren Geschichte, die in Briefen, Zeitungsartikeln und Erinnerungen gut dokumentiert ist. Der damals erst 15-jährige Maler Peter Rindisbacher (1806–1834) hat alle Stationen der beschwerlichen Schiffsreise über den Atlantik und von der Hudson Bay bis Fort Douglas in Bildern festgehalten. Seine Schwester Elisabeth sowie Anni Scheidegger, zu Beginn der grossen Reise zehnjährig, stehen im Zentrum des Geschehens, das aus ihrer Perspektive erzählt wird.